# 缙麓岁月

（第二辑）

主　编　窦运来
副主编　郑劲松　郭兰

西南大学出版社
国家一级出版社　全国百佳图书出版单位

**图书在版编目(CIP)数据**

缙麓岁月. 第二辑 / 窦运来主编 ; 郑劲松, 郭兰副主编. -- 重庆 : 西南大学出版社, 2024. 12. -- ISBN 978-7-5697-2797-5

Ⅰ. G649.287.19

中国国家版本馆CIP数据核字第2025HJ0901号

# 缙麓岁月(第二辑)

**JINLU SUIYUE(DI-ER JI)**

**主　编　窦运来**

**副主编　郑劲松　郭　兰**

责任编辑:秦　俭

责任校对:徐庆兰

装帧设计:观止堂_未氓

排　　版:瞿　勤

出版发行:西南大学出版社(原西南师范大学出版社)

地址:重庆市北碚区天生路2号

邮编:400715

市场营销部电话:023-68868624

印　　刷:重庆长虹印务有限公司

成品尺寸:170 mm×240 mm

印　　张:13

字　　数:205千字

版　　次:2024年12月　第1版

印　　次:2024年12月　第1次印刷

书　　号:ISBN 978-7-5697-2797-5

定　　价:48.00元

# 前言

历史是岁月的沉淀，是文化的传承。历史是最好的教科书，也是最好的清新剂。学史明理，学史增信，学史崇德，学史力行，以史为鉴，方能更好地开创未来。不言而喻，高校校史，既是一所大学的创立、变革、发展史，也是一部教育史、思想史、文化史与学术史。校史的主角，一定是大学人，是她的师生员工，特别是其中的前贤先哲与大家名师。正是一代代这样的先生们躬耕三尺讲坛，坚守教学科研，弘文励教，乐育英才，传承绵绵薪火，才使得桃李天下，芬芳四季，为国家富强、民族振兴和人民幸福贡献智慧与力量。

西南大学发轫于1906年的川东师范学堂，迄今已有近120年办学历史。其间，历经川东师范学校、四川乡村建设学院、四川省立教育学院等演变，汇入国立女子师范学院、私立相辉学院、私立中国乡村建设学院以及勉仁文学院、华西协合大学等众多渊源。2005年7月，经教育部批准，原西南师范大学、西南农业大学合并组建而成西南大学。此前，原两校又曾分别并入了四川畜牧兽医学院和中国农科院的柑桔研究所、重庆轻工职大等。

上述一系列渊源历史，在2016年4月推出的4卷本《西南大学史》中有较为详尽的叙述和解说。这套校史在西南大学办学110周年暨合并组建10周年推出，本身就具有校史文化的里程碑意义，是一套厘清源流、奠基未来的通史著作。然而，美中不足的是，受限于校史体例和相应的写作风格，虽然百余年学校创立、变革、发展的历史和历经的风风雨雨被清晰描述，校史所贯穿的时代脉络、重大事件和发展变化的重大节点以及各方面办学成就也得到全面梳理，但如前所说的校史上的名家大师、前贤先哲、杰出校友的学人事迹，以及110余年间经历的一些重大事件的历史细节，并没有得到很好的展开。换言之，校史作为一所大学的思想史、教育史、文化史或学术史的意味，还没得到很好的彰显，故而有补充的必要，也有展开的可能。口述校史因此应运而生。

西南大学高度重视校史建设，特别是口述校史工作，把它作为繁荣校园文化、服务立德树人根本任务、发挥文化育人的重要举措，2018年，口述校史工程得以立项推进。我们组织招募了一大批学生志愿者，一面开始对健在的高龄教职工的采访工作，一面开始启动校史人物及其档案、文献资料、经历与故事等的挖掘、整理、鉴别与写作，一批初步成果，在校史馆办内部刊物《西南大学记忆》上刊发，部分文章也得以在一些报刊上公开发表。有的成果以故事讲述、情景话剧和歌舞等文艺形式，在西南大学举办的校史主题晚会、新年晚会等舞台推出，有的则以校史微课程或演讲方式，由校领导或专家、学生代表在新生开学典礼或入学教育、毕业生离校教育等重要场合推出，均产生了良好的反响，增进了师生员工和社会各界对西南大学校史文化及大学精神的进一步了解、理解和认同。所以，口述校史在一定程度上丰富了已有版本的校史，更具有亲和力，更接地气，易于传播和被人们所接受。

对于一所百年学府而言，西南大学口述校史这一工程启动相对较晚，很多前贤先哲与名家大师已离我们远去，但他们的人生故事、精神风范却保留在了一些老师、学生、友人的笔下，或者他们自己生前的自传等材料之中，所以，我们首先对这些宝贵的资料进行了抢救性搜罗与整理。此外，我们通过对健在离退休老同志的采访，也陆续形成了一批口述成果或资料。无疑，这些都是西南大学宝贵的精神资产和教育资源。

口述校史成果需要纸质的永久性固化，才能得到更好的利用、传播和弘扬。于是，在西南大学党委和行政的大力支持下，特别是在西南大学出版社和校史工作部同事们的共同努力下，我们以“缙麓岁月”之名，正式出版系列口述校史成果，以期不忘初心、牢记使命，致敬历史，启迪未来。

缙云山麓，嘉陵江畔，山长水阔，大气自然。“缙麓岁月”是比喻，是追怀，是感恩，也是激励。我们坚信，在迈向新百年的新征程上，聆听来自岁月深处的回声，铭记先辈的谆谆教诲，更能激发我们胸怀梦想，踔厉奋发，为未来的西南大学校史增光添彩。

编 者

# 目录

王季超:做中国人　做老实事　做大学问 …… 1
王钟山:大师风范　薪尽火传 …… 8
刘一层:生命的色彩 …… 16
刘又辛:语言学家的风雨人生 …… 20
刘佩瑛:她优雅了一个世纪　还拯救过重庆的黄秧白 …… 29
孙培良:梅花香自苦寒来 …… 36
李正清:丹心向阳　奉献一生 …… 42
李世俊:功勋卓著的农学家 …… 55
李际科:记忆的青石板上,马蹄声远 …… 63
李育农:育农一生硕果香 …… 75
李隆术:著名螨类学专家 …… 83
李源澄:久被沉埋的学术名家 …… 90
陈云庵:参加过南昌起义的烈士校友 …… 102
陈世儒:远为学者　近若园丁 …… 107

陈兆畦:中国核农学事业的先驱 ······ 114

陈重穆:一位数学家人生事业的三次选择 ······ 118

赵维藩:行可楷模人期寿 ······ 125

胡锦矗:“中国大熊猫之父” ······ 130

段虚谷:大美山川我与言 ······ 137

徐无闻:永丰墨痕天下闻 ······ 145

徐德庵:教泽深远,功在后学 ······ 162

郭豫才:新史学和早期考古学先驱 ······ 165

盛叙功:探索追求　奉献毕生 ······ 179

曾勉:中国柑橘学的奠基者和躬行者 ······ 182

霍锟镛:川东师范走出的中共六大代表 ······ 192

# 王季超：做中国人　做老实事　做大学问

□文/王晶　王卉　王玉

王季超

王季超(1920—2000)，男，四川安岳人。1944年毕业于西南联合大学理学院物理系。受西南联大委派担任援华反攻日寇的美军译员，直到1945年日寇投降。1946—1950年先后在成都华英女子中学和重庆南开中学任教。1950年西南师范学院成立，受聘任理化系讲师。1953年任物理学系首任主任，是物理学系主要筹建者之一。曾任四川省第二至第六届政协委员，重庆市委常委、顾问，重庆市物理学会理事长、名誉理事长等。长期从事物理教学科研工作，讲授普通物理、光学、电磁学、统计力学、电动力学等课程。译著有《力学讲义》《量子力学》《原子物理》等。

“睹物思人情深深，回忆往事泪盈盈。”在帮母亲整理房间时，目睹父亲的遗像遗物，不禁忆起老人家的音容笑貌和他生前的点点滴滴。

## 一辈子——父亲生平

父亲王季超，1920年12月3日出生于四川省安岳县。1931至1939年先后在安岳县高级小学、成都蜀华中学、重庆南开中学完成小学至中学的学业。高中毕业后考入西南联合大学，1944年以优异成绩毕业于西南联大物理系。时值世界反法西斯战争盟军反攻前夕，父亲毅然投笔从戎，被调任援华反攻日寇的美军译员，直到1945年日本投降。1946年至1950年7月，先后在成都华英女子中学和重庆南开中学任教。

1950年西南师范学院成立后，父亲受聘任理化系讲师。1952年，学院新设物理系，父亲为主要筹建者之一，并担任首任系主任。其后，父亲一直担任物理系主任，直到1984年才卸任。父亲于1987年底退休，为物理系的建立和发展立下了不少功劳。

父亲是一名中国共产党党员，曾任中华教育工会文教委员，四川省第二至第六届政协委员，四川省物理学会副理事长、重庆市物理学会理事长及名誉理事长，重庆市科协委员，九三学社重庆分社常委及顾问、西南师范学院支社主委等职。父亲长期从事教学科研和物理系行政领导工作，讲授普通物理、中学物理教材教法、光学、电磁学、统计力学、电动力学、场论等课程，译著有《力学讲义》、《量子力学》和《原子物理》，1984年主编的教材《物理》于1994年国家审定通过后在全国使用。1985年，父亲任《物理教学探讨》杂志主编，确立了“直接为基础教育服务”的办刊宗旨。

1979年，父亲首次招收理论物理研究生6名，为西南师范学院理论物理和凝聚态物理硕士学位点奠定了人才基础。1985年，父亲又与教育系教学论博士学位点合作，招收物理教学论研究生，开拓发展跨专业的交叉学科。父亲曾被评为重庆市先进工作者，获国家教委（今教育部）“四十年高教工作”贡献表彰，1992年起享受国务院政府特殊津贴。

## 一生“勤”——“半夜两点，上什么学？”

记得那是1961年晚秋的一个深夜，我们兄弟姊妹睡得正香，哥哥突然醒来，大声喊道：“天亮了！”随即他叫醒了我们几个弟妹。大家睡眼惺忪地洗漱后，背着书包准备上学去。刚要出门，门却先开了，原来是父亲回来了。他看到背着书包的我们，吃惊地问：“要干什么去？”“天亮了，上学去。”“那是月亮，现在才半夜两点，上什么学？赶紧回屋睡觉吧。”后来听母亲讲，那时的父亲就是这样,几乎每天都工作到深夜。

这种夜以继日的工作状态是父亲敬业勤勉的一生的真实写照。父亲一生都敬业于教学,勤勉于工作,可谓废寝忘食,殚精竭虑,这不仅让他获得了各种奖励以及多种荣誉称号,还让他得到了同事和学生们由衷的敬重和钦佩。

1997年底,时任中共中央委员、全国妇联常务副主席的物理系毕业学生黄启璪回校探望我们的父亲时,道出了父亲的敬业:“那时候我在学生会干点事,时常和王主任接触,王主任工作废寝忘食、教学严谨生动,给我的印象太深了。”

真诚的付出总会得到温暖的回应。家里客厅正面的墙上至今还挂着学生们《感谢老师》的心声:

天地蛮荒,靠烛光照亮
谆谆师诲,润泽心肠
寻一丝温暖,你给予一季春光
寻一片绿叶,你领路翠碧山冈
寻一颗石子,你敞开峰峦叠嶂
寻一滴水珠,你捧掬江河海洋
…………
教我立身立德,顺逆如常
教我善己善人,胸怀大量
教我惜时如金,勤勉为纲
教我于名利而淡泊,于道义敢担当
…………
忆良师良训,伴终身,益久长
饮水思源,师恩最难忘!

学生们情真意切的语言正是对父亲高尚人格的中肯褒扬。父亲对此亦非常珍视，他把荣誉奖励都隐于内，却把“青出于蓝而胜于蓝”“桃李满天下”的欣慰与骄傲彰显于外，这些诗句一直都高高地挂在我家客厅的墙上。

父亲经常这样教育我们：“一个人要简单、平凡，但决不能平庸。”“做人，做中国人，做堂堂正正的中国人；做事，做老实事，做有益于社会的事；做学问，做大学问，做塑造灵魂的学问。”

纵观父亲的一生，他不仅用这两句话来教育我们，还用自己的生命实践了自己的信念和哲学。难怪父亲去世时，同事们发自肺腑地扼腕叹息，“泰山崩，哲人萎”“献身教育，呕心沥血”“九州遍树桃李，堪称良师益友”“热爱祖国，鞠躬尽瘁”“一向淡泊名利，实乃志士仁人”。

## 一本书——“With the Compliments of Chen-Ning Yang The Chinese University of Hong Kong”

那是1995年10月的一天中午，父亲回家时手里拿着一本封面鲜艳的书，这引起了我们的注意。因为父亲经常给孙儿们买色彩鲜艳的儿童书，这本书封面颜色又特别鲜亮，所以我们以为又是给孩子们买的。但一看红色的书名，却是《读书教学四十年》，翻开扉页，上面写着这样的英文，“With the Compliments of Chen-Ning Yang The Chinese University of Hong Kong”，这句话的中文意思即“杨振宁赠 香港中文大学”。这是一本汇集了作者杨振宁的一些演讲、访问和其他文章，反映作者在不同时期的经历、想法和意见的书。作者在这本书的前言中写道：“这不是一本自传……在有些方面，也许比自传还更有自传性。”

小辈中有人问：“这个杨振宁是不是和李政道一起获得了诺贝尔奖的杨振宁？”

正是。

他怎么会给父亲寄赠图书呢？原来,父亲和杨振宁都曾是西南联大的学生,而且是物理系的同窗好友。

1938年全面抗战初期,北大、清华、南开三所大学内迁昆明,成立西南联大。1940年,由于日本入侵滇缅,紧张局势加剧,西南联大寻址建立了四川叙永分校。父亲于1940年考入西南联大后,先就读于西南联大叙永分校。一年后,才到昆明西南联大本部继续学习至1944年毕业。

在昆明西南联大,父亲与杨振宁曾在一起学习、生活。他们的宿舍是一间空旷的房间,床是上下铺。房间又分为八个组合单元,父亲和周光第等住在第一单元,与住第二单元的杨振宁、黄昆、张守廉、李荫远等紧邻。杨振宁虽然比父亲高两级,但他们常在图书馆见面,在食堂一起吃饭,一起讨论学问、议论时局,自然就互相熟悉了,友谊也逐渐加深了。

天下没有不散的筵席,毕业后,杨振宁去了美国,黄昆去了英国,我父亲则热血澎湃地参加了当年抗日战争滇缅战区的对日大反攻。当时的热血青年自此各奔东西,以后几十年的风雨岁月使彼此天各一方。然而,通信虽然中断了,他们的友情却不曾淡去,因此,即便杨振宁已经声名赫赫,成就卓著,仍没有忘记当年纯真的同窗之情。1971年,杨振宁到中国访问,后来又多次回来出差,友谊的纽带随着彼此的书信往来又重新连接起来。杨振宁把自己写的《读书教学四十年》一书寄赠父亲就不足为奇了。

## 一段岁月——《国立西南联合大学八百学子从军回忆》与国立西南联合大学纪念碑

在我们家,珍藏着一本名为《国立西南联合大学八百学子从军回忆》的书。这本书是由西南联大1944级的同学于2003年11月在北京编辑出版的。在这本书的第125页上,记载着一段父亲亲身经历却未曾跟我们提及的峥嵘岁月。

这本大16开、封面血色殷红、印数很少、不谋赢利的回忆录，“主要是由西南联合大学1944级同学通过不同的道路‘从’不同的‘军’的回忆和悼念文章组成，其中大量的是在1943到1945年作为译员，协同美国军人在印缅、滇西以及国内(其他)有关战场参加战事活动，为抗日战争作出自己贡献的记录”(摘于本书前言)。它是史实，又不同于一般的史学图书，它是亲身经历者在艰苦卓绝、可歌可泣的对日大反攻战役中，用壮怀激烈的心声录制的战斗写真。

1944年，正值对日大反攻阶段，援华抗日美军急需翻译人员。父亲积极响应国家号召，毅然投笔从戎，作为译员参加滇缅抗日大军。在父亲的军旅译员经历中，他不仅参加了云南保山山炮训练营的实战训练，还随沃兹上校的美军指挥部和前线炮兵直接对日作战，从松山一直打到畹町，与抗日将士们同生共死，并肩前进，痛击日寇，报民族之仇，雪国家之耻，把强盗打出国门。

抗战胜利后，国立西南联合大学纪念碑在昆明西南联大落成，上面铭刻着《国立西南联合大学抗战以来从军学生题名》。由于印、缅、滇西的抗日战事以及中国远征军在云南人民中有着深远影响，西南联大八百学子的大义之举已经铸成了人人皆知的历史丰碑，承载了厚重的民族精神，所以至今保存完好。北大、清华、南开后来都仿建了这座英雄丰碑，供今人瞻仰缅怀。当年学子们“为理想而求学，为民族而征战”的崇高精神永远值得继承和发扬。

在抗日战争这事关中华民族生死存亡的重大历史关头，有我父亲的身影和贡献，他的名字“王季超”也铭刻在国立西南联合大学纪念碑上的《国立西南联合大学抗战以来从军学生题名》之中。

1991年8月，父亲应邀到云南大理参加全国物理教学研讨会，顺道去昆明参观了坐落在云南师大的西南联大纪念馆。旧地重游，父亲看着那一幅幅照片，一件件物品，当年在艰苦环境下的学习生活，闻一多慷慨激昂的演讲,尊师吴大猷课堂上的谆谆教诲,学子们的勤奋刻苦、忧国忧民以及1944年响应祖国召唤满腔热血从军抗战的情景……历历在目。

热血化作夕阳红,金辉彩霞映长天。父亲,您虽然物质上并不富有,却是精神上最慷慨的富翁,在您的关爱中,我们读懂了人生的平凡与崇高,读懂了烛光的无私与奉献,读懂了"学高为师,身正为范"的含义。

# 王钟山：大师风范　薪尽火传

文/王柏庐

王钟山（1911—2005），男，河北抚宁人。1936年毕业于清华大学地学系。曾任北平私立培华女子中学、昌黎汇文中学、贵州清华中学教员。1939年获中英庚款董事会资助，在西南联合大学从事地貌学研究。1942—1953年，分别在东北大学、贵州师范学院、昆明师范学院等校任教。1953年因院系调整至西南师范学院地理系，任教授、自然地理教研室主任。主讲气象学、气候学、世界地理、人文地理等课程，在国内外学术刊物上发表多篇论文，编有《中学地理学词典》（与他人合作），翻译有《马耳他》《城市地理》《地貌学》等重要资料。

王钟山

父亲王钟山于1936年7月从清华大学毕业。1937年7月7日，抗日战争全面爆发。1938年1月，父亲离开河北，奔赴由北京大学、清华大学、南开大学组成的长沙临时大学。随后参加了联合大学组织的"湘黔滇步行团"，进行了从长沙经贵阳到昆明的徒步"文化长征"。

1942年至1953年，父亲先后在东北大学（四川三台）、贵阳师范学院、昆明师范学院任教。1953年9月调入西南师范学院地理系，在这里工作了五十多年，直至生命的最后时刻。

父亲一生坎坷，但他不畏艰苦，勤奋工作，克服了常人难以想象的困难，为祖国的地理教育事业作出了杰出贡献。

## 家乡生活及青少年经历

1911年10月23日,父亲出生在河北省抚宁县(今河北省秦皇岛市抚宁区)留守营官庄一个农民家庭,家中共有五个兄弟姐妹。那时,军阀割据,社会动荡,一个普通农家,田土不多,仅靠种田土的产出,难以维持全家的生计。为此,祖父利用家乡靠近京(北京)沈(沈阳)铁路的便利条件,多次到关外(东北)做生意补贴家用,供子女读书。

祖父十分重视子女教育。大约在1918年到1922年间,父亲在村小读书。他聪明好学,又练得一手好字,深得祖父喜爱。父亲曾得意地讲述其读小学高年级时的一件事:时逢过大年,家家需要挂对联,而村里大多数人是文盲,字写得好的人更是难寻。于是奉祖父之命,作为小学生的父亲便"义不容辞"地承担起了为乡亲们写对联的"光荣任务"。由于任务完成得好,父亲大受乡邻长辈们的夸奖:"这小子将来准有出息!"祖父一高兴,第二天就带儿子去赶集,在集上给儿子买了家乡的特产——两个漂亮的"皮影"(唐山地方工艺师用驴皮制作的透明彩色人物画片,大约要花一个大洋)作为奖励。

1923年秋,祖父在传教士李荣老先生建议下,将父亲送入昌黎汇文中学附属高小学习,后来升入中学。昌黎汇文中学在昌黎县城,距官庄有30华里(一华里=500米)。据父亲回忆,那时的许多课程都采用英文教材,除国文课是用中文讲授之外,其余课程大多用英文授课,因此父亲在中学时就打下了良好的英文基础。

汇文中学的校长郝德安牧师十分看重教师的水平,努力争取让一些优秀校友到校任教或作短期讲学,例如我国著名的电子学家和教育家、清华大学教授孟昭英就曾经被请到汇文中学讲学。父亲听过他的课,对其印象很好。即便如此,汇文中学的教师资源依然短缺。因为在当时,愿意长期在中学任教的优秀老师比较少。有的课程一时没有称职的教师时,父亲和一些同学就自发组织起来，找参考书刻苦钻研，做一些数学、物理难题，他的自学能力也在这一过程中得到加强。

## 清华岁月

1932年，父亲考入清华大学。当时的清华大学是自主命题，独立招生，考题出得比较巧，着重考查学生的思维能力。例如，1932年，清华大学入学考试的作文题目是《梦游清华园》，就特别注意给考生提供足够的想象空间。那年清华大学各系科共录取新生三百多名，其中物理系录取了二十多名，父亲成绩较好，考入物理系学习。

得到清华大学的录取通知后，祖父对父亲说："你别高兴得太早，听说某乡绅的公子在北京读大学，每年要花费三百多个银圆，我们家哪来那么多钱！"父亲说："清华大学的通知上写得很清楚，只要一百来个银圆就可以入学。(因为清华大学是国立大学，又有'中英庚款'资助，所以收费比其他学校低。)另外我在学校学习，一定注意节省，精打细算。"祖父说："那我想想办法。"于是，祖父千方百计筹钱，包括动员姑妈变卖陪嫁首饰，又向几位比较有钱的本乡财主借款，好不容易才凑足了父亲第一年的学费。后来几年的学费则是能拖就拖，能"赖"就"赖"。1936年，父亲终于从清华大学顺利毕业。临毕业之际，导师袁复礼教授希望父亲多读一年书，然后留校任他的助教。可父亲因为家境困难，必须工作挣钱，资助家庭，于是选择到北京私立培华女中任教(1936年9月—1937年8月)。需要说明的是，由于没有缴清大学学费，父亲毕业时并没有领取到毕业证书，后来随着时光流逝，也没有人再追究此事。

父亲回忆，清华对学生要求十分严格，但绝不是培养读死书的书呆子。清华设置了许多专业课以提高学生专业能力，但也有许多有趣的选修课供学生辅修，使学生的知识更广博完善。清华重视学生的智育发展，也重视培养学生的品德，这从其校训“自强不息，厚德载物”中可以看出。另外，清华还重视学生的体育锻炼。父亲在清华大学第一年读的是物理系，后三年读的是地学系。之所以这样安排，有两个原因：其一，物理知识是其他自然科学知识的基础；其二，学校解释说物理系有二三十人，而其他系科学生较少，若都挤在物理系，将来毕业后就业有困难，因而大约有一半同学选择在第二学年转系。

父亲就读地学系时，导师是地貌学家、第四纪地质学家、地质教育家袁复礼教授。袁教授是中国地貌学及第四纪地质学的先驱，是中国地质学会的创始人之一，曾获得瑞典皇家科学院颁发的“北极星奖章”。他从事地质教育六十多年，培育了几代地质人才。自1932年起，袁先生在清华大学担任地学系主任。清华大学二至四学年既有理论学习，又有实践锻炼，且在学贯中西的名师袁复礼先生直接指导下进行，父亲深感受益匪浅。

学习之余，父亲积极参加抗日救亡活动。1935年12月9日，北平（今北京）大中学生数千人在中国共产党的领导下举行了抗日救国示威游行，父亲也身在其中。事后，父亲回忆道：“后来才知道，彭真等同志是这次运动的领导者，而清华同年级的蒋南翔等同学是运动的具体组织者。”

## 参加“湘黔滇步行团”

1937年7月7日，“卢沟桥事变”爆发，日军随后迅速占领北京、天津等华北地区大城市。9月，父亲离开北京培华女中返回抚宁官庄，在经过天津火车站时遇到危险。当时，日军占领了天津火车站，对进站旅客逐个搜查，抓捕“抗日分子”，特别是旅客中的青年学生和知识分子模样的人员，更不会轻易放过，稍有嫌疑就立即逮捕，投进监狱。父亲机敏地躲过了日军严密的搜查，而他的一位同学（苏良赫）却未能幸免，落入敌手。事后得知，日军秘密杀害了许多无辜被捕的学生，并于夜间将他们的尸身投入天津海河，当时海河周边的居民经常看见河面上漂浮着被日军无端杀害的学生尸首……

回到家乡后，因乡里消息闭塞，父亲便到母校昌黎汇文中学探听消息。徐维廉校长说："现在学校许多老师都已经走了，很缺老师，你是校友，请你来母校教书，一面教地理，一面教物理。老师的月工资应该是80大洋，现在学校经费十分紧张，每个月给你40大洋。"父亲说："可以。但我有两个弟弟需要上中学学习，家中无钱给他们交学费，请学校免收学费。"徐校长同意了。于是，从1937年9月开始，父亲在昌黎汇文中学任教。在校长安排下，父亲的两个弟弟王钟峰和王钟岱也在学校勤工俭学，一个负责打钟，另一个负责扫地。两个弟弟的伙食费则由父亲资助。

1937年9月到1938年1月，父亲在昌黎汇文中学教书期间，家乡抚宁县已经沦陷为日占区。日寇在统治区内实行奴化教育，同时用毒（鸦片）、赌、黄来麻痹中国乡民。父亲对此义愤填膺。他在学校与几位青年教师夜间收听国民党中央政府的广播以了解抗日战事，传来的却是日军步步进逼，中央军节节败退的坏消息。后来打听到北京大学、清华大学和南开大学在长沙成立临时联合大学，父亲决定南下长沙，得到祖父的同意与支持。1938年1月19日放寒假后，父亲偕同北京大学钱尚忠同学一起于1月24日到达天津，乘"怡和洋行号"轮船，绕道香港，从香港奔赴长沙。

1938年2月7日，父亲到达长沙，见到了恩师袁复礼，得到袁复礼老师的亲切关照。经梅贻琦校长批准，父亲随后即参加"湘黔滇步行团"，成为带队教师之一。到达贵阳后，父亲未随队继续西进云南，而是留在贵阳的贵州省气象所任职，贵阳花溪中学招生后，又兼任该校地理教员。

## 任教西南师范学院

1939年，父亲在中英庚款董事会资助下，来到昆明西南联合大学，在袁复礼老师指导下从事地貌学研究工作，课题是滇东喀斯特地貌研究。1940年，父亲经级友张英骏介绍，到四川泸州化学兵干部训练班任气象学教官。国民政府中央气象局成立后，父亲转入该局任职，又经局长黄厦千老师推荐任东北大学地理系副教授。1943年至1953年，父亲先后在贵阳师范学院及昆明师范学院任副教授或教授，曾讲授地貌学、气象学、气候学、人文地理学、世界地理、地理学教材教法、自然地理等多门课程。

1953年，按照教育部部署，全国大学进行院系调整，昆明师范学院地理专业调整到西南师范学院地理系。9月，昆明师范学院地理系三名老师和几十名学生从昆明出发奔赴重庆。三名老师分别是：王钟山教授，专业方向是自然地理；杨宗干副教授，专业方向是中国地理；阎修文讲师，主要讲授世界地理。三人都是有水平、工作踏实的好老师。

当时的交通极不方便，从昆明到北碚，道路崎岖坎坷，载人的车辆落后破旧，他们一行人前后共花费九天时间才到达。几位老师到学校后受到热烈欢迎和热情接待，住宿和生活得到妥善安排。他们也立即投入工作，承担相应教学任务。

父亲时任地理系自然地理教研室主任，其教学有两个重要特点：

一是选用高水平教材。1948年父亲之所以从贵阳转到云南昆明师范学院教书，一个重要原因是昆明师范学院有比较丰富的藏书（其前身是西南联大师范学院。抗日战争胜利，西南联大三校回迁北京、天津之际，其图书馆将大量藏书赠给了昆明师范学院）。父亲也一直注意搜集比较好的专业书籍以作教材或者教学参考书；如果没有适合使用的教材，他就亲自编写合适的讲义，供学生学习之用。

二是理论联系实际。如讲授地貌学课，父亲一定会带着学生进行野外实习，不仅要学生认识所见的山山水水属于什么地貌类型，还要努力寻找地质剖面，认识岩层和岩石的种类，探究山水成因；讲授气象学，就带学生到气象站作气象记录，包括气温、气压、湿度、风力、风向等，作天气图以供研究天气演变之用；讲授天文学，就带着学生观测星空，认识星系，识别天象……这对于提高教学质量和培养学生能力大有裨益。

## 克服困难,努力工作

1957年,父亲不幸被错划为右派分子,他热爱的教学和科研工作被迫中断。除了众所周知的不公正待遇外,父亲还遭遇了他人不曾经历的特殊困难——1959年妻子罹患类风湿性关节炎,当时无力医治,病情迅速恶化,导致全身瘫痪,卧床三十年之久(1989年3月去世)。那时,父亲需要夜以继日地照顾重病的妻子,承受着常人难以想象的苦难,但父亲毫无怨言。

1978年,我国进入改革开放新时期,父亲的问题得到纠正,重新回到地理教学和科研工作岗位,他振奋精神,主动承担起培养地貌学硕士研究生的重担。1981年,父亲不顾自己年事已高,到母校清华大学、中国地质大学等,拜望老同学们——多位著名地貌专家、地质专家、气象专家,了解我国地理科学研究状况,收集学术资料,后又与穆桂春先生一起,制订地貌学硕士研究生培养方案、课程设置计划等,承担多门课程教学,指导多位研究生学位论文……

父亲为1982、1984两届硕士研究生开设的重要课程之一是“国外地貌学专著选读”,要求研究生重点学习Arthur L.Bloom(阿瑟·利·布鲁姆)的*Geomorphology: A Systematic Analysis of Late Cenozoic Landforms*,因为该专著是一本优秀名著,著者深入地研究过西方地貌学经典著作,参考了大量近代文献,结合自己野外考察和教学实践,精心撰写而成。父亲在指导研究生学习原著的过程中,逐步形成译稿,又经过反复修改,完成了译著《地貌学:新生代晚期地形的系统分析》,1991年由西南师范大学出版社出版。

尽管年事已高,父亲仍坚持多次带研究生到野外考察,让学生取得第一手资料,作为学术创新和撰写论文的依据。

## 桃李满天下

父亲从事教学工作五十余年,培养了许多优秀学生,他在1953—1957年教过地理系本科生，在1982—1997年培养了几批研究生，许多学生在地理科学教学、科研工作或者其他岗位上取得了突出成绩。

1990年12月，父亲获得国家教育委员会颁发的“从事高校科技工作四十年，成绩显著”荣誉证书，并获赠镶有金属奔马图案、雕刻“老骥伏枥，志在千里；桃李不言，下自成蹊”的石盾一座。1992年10月1日，国务院对为发展我国高等教育事业作出突出贡献的工作者进行了表彰，向他们颁发了国务院政府特殊津贴证书，父亲得到该证书后说：“这是国家给予的定论。”

2005年5月，父亲不幸因病去世，永远离开了我们，但他的音容笑貌和高尚人品永远地留在我们心里。

# 刘一层:生命的色彩

陶举虎

刘一层(1913—1997),男,湖北大冶人。1941年毕业于武昌艺专,此后在武昌艺专、蜀中艺专、重庆艺专等校任教。1952年起任西南师范学院美术系教授。主要研习油画人物、花卉、静物,自成一格,《高滩岩瀑布》《川西六月》等作品先后参加全国及省、市级美展和广岛油画联展。论文有《唐一禾的艺术道路》等。

刘一层

刘一层,1913年出生于湖北大冶县(今大冶市)一个农民家庭。庄户人家特有的诚实、正直、谦虚、质朴和勤劳的品德深深地熏陶了幼年的刘一层。

穷人的孩子早当家,刘一层是家里的主要劳动力——他父亲的一场大病,使全家的生活重担落在他这个不满15岁的孩子身上。15岁时,因贫困逼迫,刘一层离开家乡,去汉口投奔一个扫街的穷亲戚,从此开始了打工生涯,以做小工、小伙计、勤杂工换来的微薄报酬维持生活。渐渐地,他对大都市的广告、裱画铺的陈画和香烟盒上的图案不自觉地产生了浓厚的兴趣,于是,他开始暗暗地记、偷偷地画。这时候的刘一层,朝思暮想的是进学校读书、学画。后遇好心人指点,他以顽强的毅力,白天打工、晚上自学,终于在1939年考上了武昌艺术专科学校附属师范科,后升入本科油画专业学习,师从著名画家唐一禾先生。这期间,刘一层白天上课,晚上仍去汉口打工,半工半读。随着日军逼近,他随武昌艺专入川继续学习。在唐一禾先生带领下,刘一层和全校师生一起积极投入抗日宣传活动中。他参加了大型抗日宣传话剧《凤凰城》《抗日英雄苗可秀》等的演出,他画的《中条山七勇士》《上等兵姬士文》等,在当时的重庆展出,参观群众络绎不绝,起到了积极的鼓动作用。

在流亡的艰苦日子里,刘一层始终勤奋努力地学习。一个暑假,他顶着烈日,仅水彩画就画了四百多幅,深得武昌艺专校长唐义精、导师唐一禾赞赏。1941年,刘一层以优异成绩毕业于武昌艺专,并留校任教,历任助教、讲师、副教授,开启了一生的艺术教育生涯。他于1949年任重庆歌乐山蜀中艺专副教授、教授兼教务主任,1951年至1952年任重庆艺专教授兼教务主任。

1952年起,刘一层一直在西南师范学院美术系(现西南大学美术学院)任教授,1982年起担任美术教育专业硕士研究生导师,1987年退休。退休后接受返聘,还续任过一段时间研究生导师。

教学上,刘一层教授既重视和强调专业基础知识的严格训练,又努力灌输“严师出高徒”的育人思想。刘教授说:“高层建筑靠的是什么?是坚实的、雄厚过硬的基础,学习也一样,马虎不得呀!”他极为重视科学研究和行之有效的教育方法,给不同的对象授课,总是因材施教。几十年的教学生涯中,刘一层教授以他严谨的治学精神,在专业上精益求精的不懈追求,对学生的严格要求和热情关怀,赢得了学生们深深的敬重。数十年如一日的辛勤耕耘,他培养了几代学生,他们在艺术教育上也已桃李满天下,在各自岗位上作出了很大的成绩。

创作上,刘一层教授20世纪50年代画有《龙凤桥》《高滩岩瀑布》等作品;60年代创作有《老铁匠》《五儿》等;70年代早期作品有《晌午》,1978年起进入创作高峰,70年代末至80年代代表性作品有《春暖融融》《金秋硕果》《紫藤缤纷》《镜前的水仙与山茶花》《秋菊》《阳台与猫》《南国佳果》《秋韵》《枇杷》等系列作品;90年代以静物作品为主,包括《草莓》《午后的苹果》《早晨的苹果》《紫薇》《瓶与花》等。论者认为,刘一层的画构思与布局深邃而精巧,造型严谨、朴实、灵动,色彩运用丰富、细腻、沉稳,色调优美、协调、柔和,制作精美，用笔考究，尽管所绘对象极不相同，但都能以既不相同又能充分塑造对象形体结构的笔触去表现，既结实又颇具生动性。

刘教授一贯主张深入社会生活中去积累素材。他不断研寻自己独特的艺术语言和表现形式，形成了颇具古典韵味的写实风格，其艺术感染力特强、美感气氛浓烈，不管是《高滩岩瀑布》《嘉陵晨曦》《捧书的少女》，还是《秋韵》等作品，都既给欣赏者以美的享受，又充分展示了刘教授在各个不同历史时期的艺术追求，其意境堪称完美。

刘一层是著名画家唐一禾在武昌艺专教书时的得意门生之一。唐先生严谨的写实画风和正直的人品对刘一层影响很深，加之自身在长期艺术实践中沉淀下来的深厚的写实功底，使刘一层的作品形成了其特有的艺术品格，具有精湛的形象表现力。刘一层在一篇纪念文章中阐述了唐一禾的绘画观念："他（唐一禾）善于从平凡而复杂的生活现象中发现并捕捉住真正动人的题材，选择和集中符合绘画艺术表现特点的情节和形象，通过通俗易懂的艺术语言，以达到深化主题的目的。"①这段话用来评价刘一层的绘画艺术，也是十分恰当的。

20世纪80年代以后，中国改革开放的方向更趋明朗，被禁锢了几十年的老画家们就像枯木逢春，在轻松自由的氛围中，重新拾起画笔。刘一层的早期作品多在"文革"中付之一炬，对个人的画历而言形同空白，现存的画作多是他晚年的心血。有几件他作于20世纪80年代的静物画，背景经常是一条网状的织巾，不难从这些作品中看出刘一层的基本功仍然相当扎实，并且到老还在锲而不舍地研究古典主义油画光影和色彩的精髓。到了90年代初期，刘一层的静物画焕发出另一种明快的气息，他大量使用粉红、桃红、瑰红、石青等鲜艳的色彩，有一种返老还童的直观美，同时也呈现出民俗色彩的趣味性。这种趣味性，归根结底仍然和刘一层武昌艺专的学习经历脱离不了关系。因为唐一禾的主张就是"到民间去"，就是要画出一般老百姓能

---

① 刘一层.唐一禾的艺术道路[J].美术，1991(4)：29.

够理解的、喜闻乐见的题材，他认为唯有这种“老妪皆解”的油画，才能在中国生根，然后才能论及油画的变革与进步。

欣赏刘一层教授的画，让人油然而生的是对这位在我国艺术教育园地里辛勤耕耘了半个世纪的老教授的敬佩之情。从他的一件件作品中，我们不难发现他在艺术上勤奋追求、持初志而愈坚的精神，也不难感受到他深厚的功底和精湛的技巧，更不难体验到他高品位的艺术气质和质朴劲健的艺术风格。这位早年被人们广为赞扬的“西南三刘”之一的著名艺术教育家和油画家，曾担任国家教委（今教育部）出版专业高级职务任职资格评审会委员兼艺术评审组组长，四川省高等学校教授、副教授职称评审委员会艺术学科组成员。为表彰刘一层教授五十年如一日的辛勤耕耘和对中国艺术教育事业发展作出的重大贡献，重庆艺术家协会于1991年12月特授予他执教五十周年“荣誉金奖”。

# 刘又辛：语言学家的风雨人生

刘朴

刘又辛

刘又辛(1913—2010)，男，山东临清人。1934年考入北京大学中国语言文学系，1937年因抗战休学，1944年到西南联大复学，翌年毕业。抗战期间，曾创办《力报》，任主编。1943年起先后在陕西户县(今西安市鄠邑区)师范学校、昆明师范学院、重庆私立中国乡村建设学院、川东教育学院等校任教。1952年起任西南师范学院汉语言文学系教授、汉语教研室主任、院务委员和中国语言学会理事、四川语言学会副会长等。主讲音韵学、国语与国音、现代汉语、训诂学等课程，著有《通假概说》《训诂学新论》《文字训诂论集》等著作。

## 难忘风雪夜

父亲出生在鲁西北平原上一个极其普通的村子里，因为离县城临清正好三十里，所以叫三十里铺。村的正东二里地是一个叫白佛寺的小村子，只有几十户人家；村西二里地是吕堂，一个比三十里铺稍大的村子，我的爷爷就在这里教书，父亲和二叔则跟着爷爷在吕堂念书。那年父亲九岁，二叔七岁。冬天的一个下午，天气突变，风吹雪下，奶奶的娘家在吕堂，太姥姥见风大雪急，希望他们三人暂时住下，爷爷却不肯；太姥姥又要求把两个孩子留下，爷爷仍不答应。就这样，放学以后，爷爷带着父亲和二叔踏上了回家的路途。

那是多年不遇的暴风雪，北风呼啸，大雪纷飞，地上的积雪已经没过膝盖，走路也变得十分艰难。冬天的黄昏很短暂，爷爷三人刚一出村，天就完全黑下来,雪又太深,根本分辨不出路在哪里。他们深一脚浅一脚,跌跌撞撞,走啊爬呀,在伸手不见五指的漆黑夜里走了很久,距家不过二里的路程,却始终没有到达目的地。不单是看不见家门,连村子也找不着,爷爷意识到迷路了,但并没有停下脚步,仍然领着父亲和二叔往前赶。也不知过了多久,隐隐地,爷爷看到一丝灯光,挣扎着走近,喊开了门……

这个故事是小时候奶奶讲给我听的。奶奶说:"你爷爷喊开了门,你猜是谁家?是你白佛寺的马大爷家。是你马大爷提着桅灯,抱着你二叔,把他爷仨送回来的,回到家时都过了喂牛时了……"喂牛时,是指晚上六点到八点喂牛的时间,过了喂牛时,也就是晚上八点以后。从五点到八点,爷爷他们在狂风暴雪中整整走了三个多小时,从吕堂绕过三十里铺,竟到了白佛寺。

"他们冻坏了吧?"我问奶奶。

"没有。"奶奶说,"就是累坏了,贴身的衣服都汗湿了……"

"这么大的雪,为什么不住在姥姥家?"

"为了教他们在路上背书呀!"

我也知道,爷爷要求父亲和叔叔诵记的东西太多,课文篇篇背,外加《百家姓》《三字经》《千字文》《弟子规》《千家诗》,还有各种对联等。

"你爸和你叔,一年只有年三十和初一没功课,可以玩两天……"

我有些明白了,正因为从小打下的坚实的古文基础,所以当了一辈子军人的二叔在退休后,仍能写出《实用大众周易》这本书,能将如此深奥的古籍解释得清晰、透彻,别具一格。

## 我的爷爷

爷爷刘养元是几十年的教书先生,在许多村都教过书,并且特别照顾穷人家的孩子,不但不收取他们的任何费用,还送书,送石板和石笔。那时的学生，用石笔在石板上写字，写完擦去再写，一块石板可以用许多年。对于家里特别穷的孩子，奶奶经常留他们吃饭，送他们衣服。多年前的一件事情令人印象格外深刻，20世纪60年代我回乡以后，总见一位栾姓二叔来看望爷爷奶奶，每年都来，每次都带好多东西。我问奶奶："栾二叔是咱们家什么亲戚呀？怎么这么亲？"奶奶告诉我："那时候，他父亲在咱们村给地主种地，他比你二叔小，跟你四叔差不多大，家里很穷，跟你爷爷念书，跟你叔在一块儿吃饭。他忘不了，就一直把咱们家当成他第二个家。现在日子过好了，也忘不了……"

教书之余，爷爷也给人看病。爷爷是附近十里八乡有名的中医，行医从不收费。按照农村的习俗，家里请先生来诊治病人，一定要留先生吃顿丰盛的饭。爷爷为了不给病家增添负担，从不留下来吃饭。他一生极其简朴，土布衣衫，粗茶淡饭，俨然已形成一种家风，影响了后辈几代人。

最令我钦佩的是爷爷凛然的民族气节。1940年前后，日本侵占华北，家乡成了沦陷区，日本人在县城学校推行奴化教育，强迫中国学生学习日文课本，学习日语。城里武训小学的老师们一致抵制，爷爷就把自己的住房腾出来当教室，在家成立武训小学三十里铺分校，把武训小学的老师请来任教，在附近几个村招生。这在临清地方史志上有详细记载。如今，临清市政府已把爷爷生活过的小院列为临清市重点文物保护单位，并在院中竖了块石碑，上面刻着"临清市重点文物保护单位——武训分校旧址"。这是对爷爷最好的褒奖和纪念。

## 从临清到北京

当时的农村学校只有初小没有完小，因此父亲十一岁读完初小后，接着便去县城临清读完小，就读于县立第一小学校，学制两年；初中就读于山东省立第十一中学（现临清市一中前身），学制三年。在这五年里，有两个人对父亲的一生产生了极大影响。

一个是父亲从小学到初中的同学汪绍南,当时临清著名企业济美酱园老板的独子。在临清读书五年,父亲逐渐和汪绍南成为好友,节假日时常到汪家做客。另一个是十一中学校长张乾一先生。张先生的学识和人品堪称楷模,身为校长,还担任教学工作。他和父亲从相识、相知到成为忘年之交,一直到1986年去世,始终和父亲保持着书信往来。

父亲读初中时,还有三个弟弟也在读书,家里的经济条件不允许父亲念高中上大学。按照爷爷的设想,父亲初中毕业后应去聊城念师范学校,因为师范是公费,不用自己交钱。这时,汪绍南的父亲汪永椿老先生来到家里同爷爷商量,打算叫父亲陪他的儿子汪绍南去北京读高中,路费、学费、生活费由他承担,爷爷就答应了。于是,父亲十六岁时,和好友汪绍南一起上北京念高中、上大学。

汪绍南是个痴迷京剧的票友,经常带着父亲去看戏,久而久之,父亲也爱上了京剧艺术,这个爱好陪伴了父亲一生。

高中毕业后,父亲以优异的成绩考上了北京大学,这本来是件天大的喜事,可也成了天大的难事。因为大学费用比较高,这不可能由汪家全出,爷爷奶奶为筹措父亲的学费,东拼西借,费尽周折。

## 辍学回家

1937年,抗日战争全面爆发,随后北平沦陷,北京大学暂时解散,父亲只能辍学回家。回家后,父亲联合一些志同道合的青年组成抗战剧团,积极开展抗日宣传。不久,家乡也被日本人占领,父亲又主办《力报》,继续宣传抗日。

这段时间里,父亲涉猎了许多中医知识。因为爷爷是医生,家里自然少不了医学典籍,耳濡目染,父亲也学会了看病,并且逐渐对中医有了新的探索和体会。闲暇之余，他用毛笔抄写河北名医张锡纯的名著《医学衷中参西录》，订成十册，装成两部。这两部手抄书一直被爷爷珍藏着，直到20世纪60年代末，父亲开始给人开处方看病，爷爷才将这两部书寄往重庆。后来，这两部书一直放在父亲的书架上，成为一个永恒的纪念。

## 二次求学

1942年冬，日伪的扫荡封锁日益频繁，这时父亲听到一个消息——北大、清华、南开几所大学在昆明组成西南联合大学，召唤辍学的学生复课。父亲、二叔等人一同出发，从高唐到济南，又从济南到达安徽阜阳。二叔、二婶和四叔留在了阜阳，父亲只身辗转到西安，本想由此处去往昆明，可惜走到西安路费告罄。正巧，原山东省立十一中校长张乾一先生为避战乱也来到西安，并在一所中学任校长。他安排父亲在一所师范学校担任一学期语文教师，父亲借此挣了路费，又重新踏上去昆明的路。那时的交通极不方便，父亲坐着拉货的敞篷车，经过几天行程，还遭遇了一次极其危险的车祸，幸亏有惊无险，终于抵达昆明，找到西南联大，实现了复课的愿望。

毕业后，父亲留在西南联大任助教，不久转为讲师。之后日本战败投降，西南联大解散，各校纷纷复员，父亲又转到昆明师范学院（云南师范大学前身）任教。

在昆明那几年，有三件事值得一说：一是在此期间父亲错过了一次去英国留学的机会，对此他很惋惜；二是父亲毕业后刚参加工作不久，就把四叔从阜阳接到昆明，并安排二叔在昆明念高中、上大学；三是战乱时期，物资极为匮乏，食堂里只供应米饭而无面食之类，而父亲吃米饭就烧心（胃灼热），结果得了严重的胃病，这病跟了父亲一生。

## 只身到重庆

西南联大中文系有两位姓罗的先生,即罗常培和罗庸。罗常培先生身材高大,学生们私下称他大罗先生;罗庸先生身材较矮小,被称为小罗先生。两位罗先生都是父亲的恩师,与父亲有着极深的师生感情。

1948年,罗庸先生离开昆明去重庆,可到重庆后不久就病了。罗庸先生是著名学者,又是民主人士,在抗战前的白色恐怖时期,共产党员陆定一曾住在他家达半年之久。所以重庆一解放,接管地方的军管会领导就多次看望罗庸先生,询问其困难和要求。罗庸先生提出想把我父亲从昆明接来。那时昆明到重庆交通并不方便,父亲是乘坐军管会的运输机从昆明飞到重庆的。到重庆后,父亲全身心照顾罗庸先生夫妇,直到罗庸先生去世。

在此期间,父亲认识了军管会干部姚大非(后曾任西南师范学院党委书记兼副院长),两人一见如故。姚邀请父亲留在重庆工作,盛情难却,父亲就答应下来。父亲想回昆明搬家,姚不许,说:"刚解放,百业待兴,各地都在网罗人才,你去了昆明,绝对回不来。"父亲便把四季的衣物、被褥及书籍等等,全都抛在了昆明。不过,父亲把罗庸先生安葬在缙云山后,仍然坚持把师母(罗庸先生夫人)送回北京安顿好,这才回到重庆。

此次到北京,父亲去看望了罗常培先生。那时,罗常培先生担任中国科学院语言研究所所长,挽留父亲在语言研究所工作,父亲已和姚大非有承诺在先,不得不婉拒恩师,只身回到重庆。

1951年,母亲、姐姐和我曾住在北京罗庸先生的夫人家里半年多,这些事情都是罗庸先生的夫人亲口告诉我们的。

## 意气风发

1950年开始,父亲协助姚大非接管改名为川东教育学院的重庆中国私立乡村建设学院,担任川东教育学院院务委员会副主任、中文系主任、教授。

1952年，全国大学院系调整，川东教育学院并入西南师范学院，父亲也随之调入，先后担任了西南师范学院中文系教授、汉语研究室主任、院工会副主席、院务委员会委员等。除教学和学术研究外，父亲还参加了许多社会活动，多次应邀到邻近的步兵学校（总参“五一”研究所前身，和西南师范学院一墙之隔）讲文化课，在各校的青年讲座上讲演，内容主要是《钢铁是怎样炼成的》《卓娅与舒拉的故事》《古利雅的道路》等苏联作品，也参加了许多学术会议，写过不少学术论文。

1954年，在京老同学聚会，商议把父亲调到北京，一来方便学术交流，二来也可弥补老朋友的思念之情。正巧当时担任中共中央统战部副部长、国务院副秘书长和总理办公室主任的齐燕铭也是罗庸先生的学生，于是向教育部协调此事。在不到一年的时间里，教育部向西南师范学院发了六封调函，结果都石沉大海。后来，北京的马学良伯伯给父亲来信询问原因，父亲这才知道，于是拿着信去找姚大非伯伯（那时姚是院党委书记兼副院长），姚伯伯说：“是有调函，都被我压下了，这里的工作离不开你，我也离不开你，帮帮我吧……”就这样，父亲再次失去了去北京工作的机会。

## 艰难岁月

在1957年的反右斗争中，父亲被卷进政治斗争的漩涡，划成右派，工资停发，只发生活费，住所也从学校民主村的小楼搬到熊家院一处阴暗潮湿的房子里。

假如1950年父亲没来重庆，而是留在昆明教书，平平淡淡地生活，扎扎实实地做学问，会是什么结果？假如1954年父亲去了北京，在诸多老同学、老朋友的圈子里，谈课题，搞研究，又会是什么结果？造化弄人，父亲被划成右派分子后，将被送往缙云山农场监督劳动。就在父亲上山前一天的晚上十点过，姚大非来到我家，紧紧地握住父亲的手，泪流满面，嘴里不停地说：

“保重，千万保重……”此时的姚大非已被降为副书记，对父亲的遭遇亦无能为力。

1958年4月，父亲被下放到缙云山农场监督劳动。父亲体弱又有胃病，一生没参加过多少体力劳动，人到中年以后突然进行高强度体力劳动，其艰难程度可想而知。有时候，白天干了一天活儿，晚上又接到通知去二十里外的煤矿挑煤。高举的火把，崎岖的山路，压得红肿的肩膀，累弯的腰，沉重的步伐……回到住地时已是黎明，新的一天又开始了……

如此艰难的劳动关，父亲毅然挺了过来。然而比劳动关更困难的是生活关。上山之初，吃的东西虽然质量不高，但数量不限，劳动后人人可以吃饱饭。后来情况有了变化，伙食开始定量，参加劳动的人经常吃不饱。幸亏母亲平时是个很节俭的人，总是把粮证上节余的粮食换成粮票存起来，此时就派上了用场。父亲每月有两次回家机会，每次在家住上一天，吃一天饱饭，走时再带上五斤炒熟的面粉，以缓解山上缺粮的困境。周围许多朋友知道这种情况后，纷纷主动把节余的粮票送给我们。这样的情景持续半年有余，而随着时间推移，困难越来越大。那时，国家经济遇到困难，居民粮证上的口粮标准一降再降，副食奇缺，人人计粒而食。家里储存的粮票已经用完，朋友们也无力再支援我们。

那时，姐姐在外念书，家里只剩下母亲、妹妹和我，粮证上的定量总数是58斤，我们只能自己想办法，每月节省10斤粮食来支援父亲。但这个秘密绝对不能让父亲知道，只说仍然是朋友“拼”（四川方言，“赠送”义）的，只是现在较紧张，他们支援得少些了。于是，父亲每次回来，一天的粮食是9两，走时再带上3斤半炒面。为此，我们实行了长达10个月的节食。母亲说，“狼恶虎恶，没有饥饿恶”。饥饿的感觉有多折磨人，许多人是体会不到的。最难熬的时候，我眼前就会出现这样一幅画面：崎岖的山路，父亲打着火把，重担压肿了肩膀，压弯了腰……

困难远不止于此，紧接着的是疾病关。刚开始，父亲患了水肿，又叫低蛋白水肿，脚肿得看不见踝骨，脸肿胀得眼睛眯成一条缝，又在劳动中扭伤了腰。农场批准病假，父亲得以回家治病。每隔三天，我都要搀着父亲去重庆第九人民医院诊治，早上七点出发，踱着缓慢的步子，一步一挨，几步一停，八点半走到医院。而父亲在腰痛病好一点以后，又回到了农场。

1961年秋季，父亲摘掉右派帽子回到家中，但并没有恢复原来的职称。而我在经历了这许许多多的事情以后，特别想念家乡的爷爷、奶奶，于是在1961年的冬季离开父母，回到了山东临清老家。这之后发生的事情，我知之有限。

十一届三中全会以后，父亲得到彻底平反，彼时他已步入老年，但仍然能做出惊人的成绩，这也是有目共睹的，无须多言。

最后，用父亲写的一首诗《老牛曲》作为结尾：

喜得春雨润园畦，无悔终生驾耕犁。
老牛未觉夕阳晚，不须扬鞭自奋蹄。

# 刘佩瑛：她优雅了一个世纪还拯救过重庆的黄秧白

郑劲松

刘佩瑛（1921—2023），女，四川成都人。1942年毕业于四川大学农学院园艺系，获学士学位。1949年于美国密执安（今译密歇根）州立大学研究生毕业，获理学硕士学位。毕业后回四川大学园艺系工作。1952年院系调整，至西南农学院任教。先后任西南农学院蔬菜研究室主任、魔芋研究中心主任，中国魔芋协会会长，四川省政协第四届、第五届、第六届委员等。主编、编著《蔬菜研究法》《中国芥菜》《魔芋栽培及加工》等专著，撰写发表论文40余篇，研究成果多次获农业部（今农业农村部）、国家教委（今教育部）、四川省政府等部门奖励，其中“白魔芋新种的发现、命名及开发利用”于1992年11月被国家科委（今科技部）列入国家科技成果。

刘佩瑛

“曾经一望无垠的时光，优雅谢幕；历经万紫千红的旅行，静静到达。”这是已故著名诗人傅天琳去世后，其女儿化用母亲诗歌《飘在空中的落叶》中的诗句写给母亲的挽联。笔者要用这副挽联，献给另一位杰出女性——2023年1月2日以102岁高龄仙逝的西南大学教授刘佩瑛。

刘佩瑛教授不是诗人，却不乏诗情画意，她用终生的学术研究为中国蔬菜树碑立传。作为中国魔芋产业的奠基人、中国园艺学会魔芋协会终身荣誉会长，她历经磨难却优雅一生，从容谢幕，跋涉万千乡野，静静抵达生命的丰碑。

刘佩瑛教授享誉中外蔬菜学界，因其魔芋研究的突出贡献和崇高地位，有媒体曾充满敬意地称她为“女魔头”，这是对领头人、带头人的善意比喻。

刘佩瑛教授在农学界有口皆碑。她是我国魔芋研究的开创者，填补了中国魔芋理论的空白；她发现并命名了国际认可、全球质量认证的“白魔芋”新种；她突破了魔芋产业的关键技术，使魔芋成为中国的新兴特色产业，将魔芋这个半野生蔬菜驯化为西南山区农民脱贫致富的主要作物，其产值已达数百亿元；她开发的魔芋精粉、“魔力魔纤”等产品，对改善国民膳食营养结构产生了积极影响。中国“女魔头”的雅号，她当之无愧！

## 出身名门，优雅美丽与生俱来

刘佩瑛的故事，得从她的青少年时期讲起。

看过刘佩瑛青年时期照片的人，都会惊叹：这完全就是一个透着知性气质的大美女！其实，即便是满头银丝的百岁之时，她仍是那么优雅。

刘佩瑛出身书香世家、名门望族，优雅美丽与生俱来。刘佩瑛的“瑛”，《说文解字》有解：“瑛，玉光也。”东晋文学家庾阐的名篇《涉江赋》写道：“明月晞光以夕耀，金沙逐波而吐瑛。”父辈给她取下这样的名字，是期望她一生如佩玉逐光而行。

她究竟有着什么样的不凡家世呢？在中国大地出版社2006年4月出版的《刘佩瑛文集》第一部分《溯往》篇中，刘佩瑛自己做了清晰的交代。①

1921年5月17日，刘佩瑛出生于成都南门纯化街108号一座叫“儒林第”的大宅院里，当地人称“刘家大公馆”。她的高祖刘沅（字止唐）是清代著名的儒学大师、教育家、医学家，著作等身，其事迹与学术观点被编入清《国史馆本传》和巴蜀书社1988年出版的图书《四川思想家》。曾祖父刘桂文（字云坳），以殿试第六名成绩选为翰林，做过多年监察御史，与戊戌变法六君子中的刘光第和杨锐都相交颇深，后调任广西梧州知府。其曾祖母姓黎，

① 刘佩英．刘佩英文集[M]．北京：中国大地出版社，2006：3-7.

湖北黄陂人，与曾任北洋政府总统的黎元洪出于同一家族。祖父刘豫波是清末拔贡[①]，教育家和书画家，成都武侯祠就有他题写的四副楹联，还曾任教成都尊经书院、四川省师范学堂、成都府中学堂、成都大学、华西大学等，文史大家郭沫若、作家李劼人等曾受教于其门下，被誉为成都"五老七贤"之一。到了刘佩瑛父亲这一代，家道已经中落，但仍然是书香门第。刘佩英的父亲刘恒阶，毕业于清朝末年的四川绅班法政学堂，做过律师、推事、县长、报馆主笔、中学教师等，也曾在军阀刘文辉军部任文职秘书。她母亲何君若，祖籍云南，是清朝封疆大吏浙江巡抚何桂清的孙女。何桂清为人正直，曾任外交大臣，敢向皇帝直言外交变革，其事迹在《书屋》杂志2003年第10期刊登的《幽暗之门：中国的首批外交大臣们》一文中有简要记录，这篇文章称何桂清为"十九世纪六十年代前产生的最伟大的一位转型期外交家"[②]。

之所以如此详细地摘引刘佩瑛的家世，笔者是想要说明刘佩瑛后来留学海外、毅然回国的那种爱国情怀。在刘佩瑛的同事、学生的眼中，刘佩瑛"博学、优雅、正派、严谨、宽厚、豁达、善良"等品性，正是中国好家风传承的样板。在《刘佩瑛文集》的题献页，笔者看到了她堂弟、四川文史馆馆员、书法家刘奇晋题写的刘家高祖刘止唐留下的家训："天理良心，人之所以为人。宽仁厚德，覆载所以长久。"可以说，刘佩瑛终其一生都在遵从并践行这样的祖训与家风。换言之，这也是一个中国优秀知识分子对中华优秀传统文化的传承与弘扬。

1938年，刘佩瑛考入四川大学园艺系，自此与蔬菜结缘。1942年，刘佩瑛本科毕业，并以优异的成绩留校任教，担任造园学、园艺产品加工学、蔬菜栽培学的实验教学。1947年，在解放战争的炮火中，虽然身处暂时平静"安逸"的天府之国，刘佩瑛依然对祖国的前途深感忧虑，出于对国民党反动统治的绝望和自己对农业报国理想的追求，她泪别丈夫和刚刚满月的孩子，远

① 科举制度中选拔贡入国子监的生员，由各省学政从生员中考选——本文作者注。

② 何新华.幽暗之门：中国的首批外交大臣们[J].书屋，2003(1)：27.

涉重洋，到美国密歇根州（旧译密执安州）农工学院攻读蔬菜学硕士学位。两年后的1949年，她顺利获得硕士学位。这时的国民党反动政府大厦将倾，但刘佩英美国的导师、同学并不看好即将诞生的新中国，劝她留在美国继续攻读博士学位，而美国当时有着非常好的科研条件。连房东的母亲都劝她留下来，“可申请成为美国公民”。她的亲友也建议她继续留在美国……但这一切，“终因对国民政府绝望而对新生的共产党政权的向往，加之故土难违，故国难别而放弃”[①]。刘佩瑛在自传中如是说。

和新中国成立之初众多海外归来的科学赤子一样，刘佩瑛作出了自己的正确选择——回国。1949年秋天，成都解放前夕，风华正茂、意气风发、知性优雅的刘佩瑛回到母校四川大学园艺系工作，并被聘为副教授。1952年，全国高校院系调整，刘佩瑛服从调配，调入组建不久的西南农学院（1985年改名为西南农业大学，2005年与西南师范大学合并，组建为西南大学），正是在这里，一代“女魔头”开始演绎她精彩的“蔬菜江湖”。

## 紧急攻关，拯救重庆黄秧白

虽然刘佩瑛以魔芋研究著称于世，但鲜为人知的是，在半个多世纪前，她却拯救过最为常见、秋冬时节大量上市的大白菜。得益于她的理论研究和技术攻关，才让濒临绝迹的重庆大白菜“起死回生”，重回重庆市民餐桌。

这究竟是怎么回事呢？

1959—1961年，国家经历了三年困难时期，粮食生产受到极大影响，当时有句口头禅叫“低标准，瓜菜代”，笔者在作家吴伯箫的散文《菜园小记》中读到过“瓜菜半年粮”之语，意思是粮食不够吃，得多种蔬菜替代。恰在这时，“屋漏偏逢连夜雨”，最为常见和普通的大白菜却突然“病倒”了。

刘佩瑛的学生、曾任西南大学校长的王小佳教授介绍，大白菜就是重庆

① 刘佩英.刘佩英文集[M].北京：中国大地出版社，2006：20.

人说的“黄秧白”，属十字花科芸薹属作物，通常为长筒形，它是要结球的。通俗地讲，那年重庆大白菜的病症就是未熟而抽薹，没结球成形，就“病恹恹”的了，自然也就没法食用。这样一来，农民就干脆不种大白菜了，改种其他作物。那时，交通不发达，没有方便的物流，大白菜不可能从外省运来，所以，重庆的大白菜几乎绝迹于餐桌。

与此同时，华北地区的大白菜也“病”了。蔬菜专家研究后，搞清楚了大白菜身上的病毒病、软腐病、霜霉病三大病害的发病规律及其防治技术，但重庆地区炎热而多湿的气候条件，与华北有很大差别，采用相同的防治方法并没取得理想效果。那时的刘佩瑛，由于家世和留学美国等经历，被打成右派，甚至一度被打成“现行反革命分子”和“反动学术权威”。身处逆境的刘佩瑛不顾自己贫病交加和难堪的身份，决心探索三大病害在川渝地区的发展规律。她制订了从抗病品种的选育、更新换代到恰当掌握播种期等一整套技术措施，整天在蔬菜地里，与农民一同劳动，一同收获。经过四年的试验，刘佩瑛发现：大白菜苗期气候高温多湿，炭疽病发病率达100%，而病毒病并不严重；10月中旬大白菜结球期秋雨多时，软腐病高发；霜霉病在各生长期均有发生，11月气温下降后，阴雨多雾时尤为严重。据此规律，刘佩瑛提出引进抗病高产品种、适期播种、严格防蚜、高畦排水通风等综合防病措施，效果良好。这项防病丰产试验研究取得成功，并得以迅速推广运用，在重庆地区绝迹的大白菜又迅速发展起来，重新出现在农民的菜地里和市民的餐桌上。1964年的《中国农业科学》杂志发表了刘佩瑛和她的课题组关于重庆大白菜丰产栽培的论文《重庆地区结球白菜防病丰产栽培研究》，为我们记录下鲜为人知的“拯救黄秧白”的学术行动。

## 研发四十年，“女魔头”成果辉煌

从1979年起，为了实现魔芋从野生到大面积栽培与深加工利用的转变，发挥魔芋主成分葡甘聚糖在食品、医药保健、轻化工开发上的独特价值，刘佩瑛几乎从零开始，专注于魔芋生物学、生理生化、栽培、育种、加工及开发利用系统研究。她组织团队不断突破魔芋栽培、育种、产业的关键技术，支撑了中国魔芋产业的形成和发展。

资料显示，中国是最早开发利用魔芋的国家，但在1985年以前，魔芋基本上处于房前屋后的野生、半野生状态，魔芋的应用也一直停留在作药引和磨浆加碱制作魔芋豆腐食用上，没有产业上的突破。与之相反，日本的魔芋是从中国引入的，日本却是最早开始对魔芋进行工业化、自动化开发的国家，也是魔芋产品消费最多的国家。20世纪80年代，在日本考察期间，刘佩瑛等国内研究人员发现，日本魔芋实现产业化的重要原因之一是发明了魔芋精粉机。日本的这款机器售价昂贵，当时我国的农民甚至企业根本无力承担。1986年，刘佩瑛带领西南农业大学和航天工业部七三一七研究所的科技人员联合攻关，研制出中国第一台魔芋精粉机，而造价仅为日本的十分之一，解决了中国魔芋产业最重要的设备问题。国产魔芋精粉机的成功研制，实现了魔芋加工设备国产化，让我国实现了魔芋粉的从无到有。同时，刘佩瑛等研究人员还开发出魔芋面条和雪魔芋等20余种魔芋食品，推进了中国魔芋完整产业链的形成。

除了研制出中国第一台魔芋精粉机，刘佩瑛还被誉为“中国魔芋野生驯化第一人”，这尤其值得称道。

经过数年如一日的深入研究，刘佩瑛发现、命名了一个魔芋新种——白魔芋，并得到了国内外学术界高度认可。白魔芋品质优良，如今，白魔芋产品已成为国际市场的名牌产品。自1982年起，刘佩瑛多次组织人力到南方13个省份收集魔芋资源，建起了第一个中国魔芋试管基因库。她非常重视魔芋品种改良，选出了万源花魔芋——中国第一个通过审定的魔芋新品种。通过技术改良，成功解决了魔芋杂交育种的难题，成功实现了花魔芋与白魔芋的种间杂交。

1995年,农业部正式批准在西南农业大学成立魔芋研究中心,开始全力促进中国魔芋产业化发展,西南农业大学也因此成为中国魔芋学会的永久性会长单位。

魔芋研发四十年,结出辉煌成果。百岁老人刘佩瑛带出几代魔芋弟子,遍及全国。从资源发掘、品种选育、配套栽培、加工技术与设备等方面,全国协作攻关,实现了我国魔芋产业的从无到有,发展壮大,形成了年产值150亿元的产业链,我国也成为全球魔芋的第一生产大国和出口强国。

据不完全统计,我国累计推广种植魔芋1600多万亩,新增产值400多亿元,对西部大开发、区域脱贫攻坚、精准扶贫和乡村振兴都作出了重要贡献,并持续发挥着积极作用。

## 蔬菜老了都是花

"蔬菜老了都是花"[1],同样是著名女诗人傅天琳的诗句,用在刘佩瑛身上也同样贴切。因为工作原因,笔者曾参加过刘佩瑛教授的九十大寿和百岁寿典,老人家的弟子们像儿女一样围绕在她身旁,她身着喜庆的红衣,满面春风,就像盛开的花朵似的。笔者还曾作为工作人员,在春节、教师节、重阳节等慰问活动中,去过刘佩瑛教授家。她的家虽然陈设简朴,但老人就像她研究了一辈子的蔬菜一样,清新而淡雅。傅天琳并不认识刘佩瑛,但其诗句却与刘佩瑛十分契合。

此前,笔者一直不知道魔芋是会开花的。刘佩瑛教授去世后,笔者在她的一个弟子的微信朋友圈里看到了魔芋开花的图片。那是国家植物园里的一棵巨大的魔芋盛开的花,就像闪动着温暖火苗的蜡烛,即便在寒冷的冬天,也让人立即觉得温暖充盈。

我把这朵魔芋花,当作一支香烛,敬献给这位优雅百年的先生!

---

① 傅天琳.蔬菜老了都是花(外一首)[M]//杨志学.中国年度优秀诗歌.2020卷.北京:新华出版社,2021:11.

# 孙培良:梅花香自苦寒来[①]

杨程程

孙培良

孙培良(1910—1987),男,河北武强人。1931年毕业于北平市立师范学校。1934—1949年,先后任北平中国大辞典编纂处编纂,台湾国语推行委员会常务委员,台湾大学、兰州大学、国立女子师范学院教授等。1950年起,任西南师范学院历史系教授,兼任西南师范学院院务委员,历史系主任,西亚史研究室主任,重庆市历史学会会长、名誉会长等。主讲西洋史、西洋美术史、世界中世纪史等课程。晚年致力于西亚史,特别是伊朗史的研究,著有《萨珊朝伊朗》等。

孙培良,生于1910年12月8日,原籍河北省武强县古坛村。因祖父早死,又值荒年,孙培良的父亲和两位叔父一起逃荒在外。两位叔父逃到东北沈阳,父亲逃到北京,和孙培良的母亲以织绦为生,孙培良便出生于北京。六岁时,孙培良入初小读书,因家中贫困,父亲想要孙培良辍学,在家织绦补贴家用,而母亲则希望他能继续读书,最后孙培良还是得以升学。但因家境实在艰难,不可能只读书而不劳动,所以每天放学后,孙培良都要在家中干活,纺线到深夜,有时还要带着织好的带子去天桥等处的市场杂货摊上售卖。

1922年,孙培良正读高小。就在这一年暑假,小学由七年制改为六年制。孙培良所在的班级共三十多人,有二十多人毕业,但包括孙培良在内的

① 本文主要资料来源于西南大学档案馆馆藏孙培良的人事档案。孙培良《干部档案》正本,编号SW0608-009,内中是孙培良先生个人在各个时期所填写的表格、履历、个人历史自述以及其他有关调查资料等文档。文中凡采自档案材料者,不再出注。

其余十余人却被校长拒发毕业证,原因是成绩差,达不到毕业标准。实际上不予毕业的人中也有成绩优秀的,只因都是穷人子弟,衣履破旧,平时就遭校长白眼,毕业时更是被有意刁难。孙培良天生傲气,不堪受辱,干脆自行退学,之后失学一年。那时,孙父感到织绦已经难以维持一家的生活,孙培良不得不开始找工作贴补家用。经同乡介绍,孙培良到了保定一个私人开设的精神治疗病院当工友。做了三个月,抑制不住继续读书的强烈愿望,孙培良便返回北京,考取了崇文门外营房第二十六小学,成为高小二年级的插班生。

1925年,高小毕业后,孙培良打算继续升学,可父亲不愿意再供他读书,他便报考了公费的北京师范学校(1930年改称北平市立师范学校)。据说,那一年800多人报考,最终只录取了40人,孙培良就在其中。父亲拗不过他,只好让他继续读书。到了学校孙培良才发现,虽然师范学校是公费——不收学费,免费供给膳食,但第一学期入学时,仍需要交保证金、制服费等。另外,学校还指定要买白布麻毡和盥漱用具等生活必需品,总共要用20多元钱。父亲只好东借西凑,又亏本卖了些绦带,才勉强凑齐了保证金和制服费。至于床毡和用具之类,只好买些次品充数。父亲的这次借债,使得家里的负担愈加沉重,而师范学校一读就是六年,其间孙培良又不能帮助赚钱养家,一家人在北京的生活已无法维持。孙培良入学之后,父母就带着两个弟弟返回武强县。孙培良的祖母在那里生活,有几亩地,一家五口靠种地勉强维持生活。

## 十年漂泊,扎根西南

师范学校毕业后,孙培良没有马上就业,最初的一两年都是靠借贷生活,每天只去北平图书馆看书、学习。他一心想在大学找工作,或者在上海出版界做翻译,但始终未能如愿。最后只好靠给北平的报纸《北晨学园》写稿挣点稿费。当时稿费一般是每千字3元，孙培良却只能拿到一半，一个月能得稿费20多元，仍不足以维持生活。1933年，北平国语执行委员会附属机关中国大辞典编纂处招考编纂员，孙培良报考成功，但因为非大学毕业，只得半薪，每月25元，迫于生活，他只得接受，在此工作岗位上一做就是四年。后经人介绍，孙培良到私立华北大学艺术教育系任教。半年后，“七七事变”爆发，国内形势发生巨大变化，孙培良被迫离开北平，开始了长达十年的漂泊生活。

1937年10月4日，身上只有十几元钱的孙培良从北平坐火车到天津。几天后，买船票到山东烟台，又转青岛，从青岛到济南，再到南京。半路就已身无分文，幸好得到同行接济才能勉强不挨饿。到南京以后，孙培良以大学讲师的身份到国民政府教育部问询是否有工作机会，只得到一张去往武汉的船票。由于武汉没有熟人，他又转道长沙，投奔曾在《北晨学园》任编辑的瞿冰杰，可投奔未果，差点流落街头。万般无奈之下，孙培良参加了国民党七十八军成立的军官培训团，结果不到一个月，培训团也解散了。穷困无告之际，孙培良在长沙街头偶遇了在北平市立师范读书时的老师张雪门，他正要到广西桂林筹办广西省幼稚师范学校，孙培良便随张老师一同前往桂林。到桂林两个多月，筹备工作一直没有进展，再加上幼稚师范的工作也不是孙培良的兴趣所在，1938年3月，孙培良便又回到长沙。此次回长沙，是与曾经在中国大辞典编纂处共事的周达夫共住。不久，在报上看到广东省招考中学国语教师，两人便去广东报考并被录取。但不久，日本侵略者进犯广东，孙培良只好又逃往内地。他先到达广西梧州，与梧州县（今梧州市）政府文教科接洽后得到去桂平的船票，后又转到桂林，搭乘便车到达重庆。1939年3月，他持过去的工作证件，与当地教育部说明情况后被派到国立编译馆工作，生活才算暂时安定下来。

1942年，编译馆迁到北碚，机构扩大，增设了翻译委员会，孙培良便在此担任副编审职务。但因与编译馆的总负责人梁实秋先生合不来而被辞退。

1944年9月,孙培良到重庆市立师范学校教国文。在校期间,在任校长严重贪污腐败,甚至克扣学生伙食,引起在校学生的强烈不满。孙培良因坚决支持学生的反抗活动而引起了教育局的注意,聘约到期后便被赶出了学校。

抗日战争胜利后,孙培良受以前在北平的同事魏建功的邀请一同赴台湾,成立台湾省国语推行委员会。1946年1月,孙培良一行三人到达台湾,担任国语推行委员会常务委员的同时,兼任台大教授,教授中国通史。同年秋,孙培良与被任命为台湾省立工学院院长的王石安同去接收学院,除了要承担英语课程之外,他还要帮忙处理学院的事务性工作。学院工作上了轨道后,孙培良又被调到台湾省编译馆工作。编译馆的馆长为许寿裳,是鲁迅先生的好友,因思想进步而受到国民党当局敌视。1947年5月,编译馆被迫关闭,孙培良再次失业,不得不返回大陆,寻找工作机会。

孙培良先到达上海,然后转道南京。是年冬,应邀前往兰州大学任教,教授西洋史。1949年春天,到重庆国立女子师范学院做西洋史教授,直至重庆解放。女子师范学院在1950年与四川省立教育学院合并成为西南师范学院,孙培良转任史地系主任。自此,孙培良到达了自己事业的最后一站,在这所学校工作直至退休。

## 矢志学术,史学专家

孙培良一生矢志学术,即使颠沛之时也不曾放弃。

新中国成立前,孙培良的学术活动遍及文、史、哲等众多领域。他在北平市立师范学校读书时,广泛阅读当时流行的文学、史学和哲学方面的论著。毕业后在北平图书馆读书的两年里,他致力于研究康德、黑格尔哲学以及马克思的著作,在《北平晨报》副刊《北晨学园》发表过多篇哲学论文、译文和《马克思生平著作年表》。[1]在编译馆工作时,参与翻译了《苏联新文化》,

① 杨群章.比较中西历史 弘扬中华文明:孙培良论著读后感[J].西南师范大学学报(人文社会科学版).2000(5):64.

并独立翻译了《现代逻辑引论》和亚里士多德的《论诗》，整理过辽、金、元三代的社会史资料，还曾前往西安调查秦腔，写有《赴陕调查秦腔报告》，论述了秦腔的起源、发展、流布情况，以及和京、汉、川剧等剧种的关系，但因为缺乏支持，此项工作没有进行下去。[①]

20世纪五六十年代，孙培良将主要精力放在了教学上。1956年编著本科讲义《世界中世纪史》，1963年写成函授教材《世界中世纪史》和《学习指导书》。他编写的教材着重补充了国际研究薄弱的亚洲各国史的内容，还编译了西欧各国的王朝世系表。1960—1962年，他撰写了《印度奴隶制社会的形成》和《公元前六至四世纪的印度社会》。1966年写有《论清官》。“文革”期间，孙培良的研究工作一度中断，但在打倒“四人帮”的第二年，他就发表了论文《略谈大同市南郊出土的几件银器和铜器》。

20世纪七八十年代，孙培良的学术研究涉及中西交通史、中亚史、西亚史，但重点集中于伊朗古代史。1978年，孙培良出席中国社科院在天津召开的社科规划会议，表示愿意承担编写伊朗史的任务，返校后即着手写作。这期间，他还为《外国历史名人传·古代部分》撰写了居鲁士、大流士和摩尼的传记，为《中国大百科全书》撰写了伊朗古代中世纪史的16个条目，并审阅校订伊朗史全部词条，为《简明不列颠百科全书》中文版编译了叙利亚、巴勒斯坦历史词条。同时，他发表了多篇论文，诸如《丝绸之路概述》《摩尼教及其东西传播》《中世纪的巴格达》《关于马资达克运动》《摩尼和摩尼教》《祆教杂记》《中国画法的西渐与伊朗细画》《〈山海经〉拾证》《斯基泰贸易之路和古代中亚的传说》《萨珊朝伊朗述略》等。其中，《斯基泰贸易之路和古代中亚的传说》一文荣获了四川省人民政府颁发哲学社会科学优秀科研成果奖三等奖。

孙培良的最后十年已重病缠身，曾多次入院治疗，但即使在住院期间，

---

① 杨群章.比较中西历史　弘扬中华文明：孙培良论著读后感[J].西南师范大学学报（人文社会科学版）.2000(5)：64-65.

他也没有放弃伊朗史的研究。1984年春,他完成了《萨珊朝伊朗》的初稿,但出于"晚年著书,尤应慎重"的考虑,他并没有急于将此书出版,而是几度推敲、反复修改,使得此书在他去世前仍没能出版。直到1995年此书才由西南师范大学出版社印刷发行。

1987年11月4日19时50分,孙培良因病经多方医治无效,于重庆市第九人民医院逝世,享年77岁。

宝剑锋从磨砺出,梅花香自苦寒来。孙培良教授的一生,是一个正直的穷苦青年成长为一个学术大家的一生。他为人正直,待人宽厚,谦虚谨慎,平易近人。他从没上过大学却在世界史领域取得了丰硕成果,国内著名世界史专家郭守田教授赞誉孙培良:"对学术贡献甚多,对伊朗古代历史,特别是艺术史,造诣极深,为我国学术界争了光,在国际上为吾人争得地位!"

# 李正清：丹心向阳　奉献一生

刘重来

李正清

李正清（1917—1997），男，重庆忠县人。1938年于延安抗日军政大学（简称“抗大”）毕业。新中国成立前，先后在湖北、重庆等地参加民主革命运动。1948年因工作去香港，次年由香港赴北京。1950年受民盟总部和农工民主党总部派遣回重庆工作，先后担任重庆市人民政府监察委员、重庆市第二和第三届人民代表会议协商委员会委员及资格审查委员、重庆市政协第一至第八届委员等。1950年起，任重庆求精商学院教授，正阳法商学院教授、院长兼教务长。1952年，调到西南师范学院历史系任教，讲授中国近代史、中国现代史、中国近代思想史等课程。

1978年，我调到西南师范学院历史系任教不久，就听说系里有位叫李正清的老先生身世不凡：参加革命很早，属于通常所称“三八”式老革命。他曾到过革命圣地延安，在著名的抗大读过书，听过毛主席讲课，后来受党的委派，带着罗瑞卿的亲笔介绍信来重庆从事统战工作，还出生入死参加过重庆的地下革命活动，等等。听到这些，我不禁对这位未曾谋面的老先生肃然起敬。

第一次见到李正清先生，是在全系教职工政治学习会上。经人指点，我才知道坐在角落、貌不惊人的那位老人便是李正清，瘦瘦的身板，剃着平头，穿着朴素，一双炯炯有神的眼睛颇有威严，清癯的脸显得十分严肃。后来接触才知，那是假象，李先生实际上十分和蔼。我心里有些奇怪，有如此不凡经历的人，早就该是个大干部了，怎么只是一个普通的大学教师呢？这个谜直到1997年1月1日他去世时，我才似乎有些明白。

给我印象很深的是在他的追悼会上遗像两边醒目的挽联:

数十年与共产党风雨同舟　正正堂堂　真挚友
半世纪在教育界辛勤耕耘　清清白白　好师长

这副挽联是曾任西南师范大学历史系主任、副校长的杨光彦教授写的。它巧妙地把“正清”二字嵌了进去,又十分恰当地概括了他的一生。谜底似乎就在其中。

## 追求进步,奔赴延安

1917年6月,李正清生于四川忠县(今属重庆)。20岁前,他从忠县明新小学、忠县县立初中、万县师范学校到成都华西协合高级中学,似乎一帆风顺地过着学生读书学习的单纯生活,但他内心并不平静。当时的四川,军阀混战、政治黑暗、交通闭塞、贫穷落后、民不聊生。面对严酷的现实,他愤愤不平,但又不知出路何在。他渴求真理,愿为国家民族施展抱负,不愿浑浑噩噩了此一生。正在他彷徨苦闷之时,1937年,震惊中外的“七七”卢沟桥事变爆发。不久,北平、天津相继沦陷。国破家亡,全国人民心急如焚。李正清听说共产党领导的红军北上抗日,已改编为八路军,正在沦陷区和日寇浴血战斗,并取得节节胜利。中国共产党还发表了《八一宣言》,提出停止内战、共同抗日、建立抗日民族统一战线。这使全国人民深受鼓舞,仿佛在黑暗中看到了光明。李正清和很多进步青年一样,感到只有在中国共产党的领导下,才能坚持抗战到底,才能挽救中华民族的危亡,个人也才有前途。

当时,到延安去,到革命的圣地去接受教育和锻炼,成了有志青年最向往的道路。于是,李正清和爱人陶顺文商量,准备一起去延安,接受革命的洗礼。正在此时,李正清的青年朋友萧道履来约他一道去延安。不巧的是,正准备上路时,李正清却突然胃出血,住进了医院。萧道履见他病情严重,卧床不起,只好一个人先走。李正清心里着急,还未等痊愈,就急着出院。他找到同乡秦德君,由他转托郭春涛(新中国成立后曾任政务院副秘书长)写了两封介绍信,一封信给周恩来,一封信给林伯渠。林伯渠是八路军驻西安办事处主任,凡是要到延安,必须经西安办事处办手续。

约10月底,李正清和陶顺文从成都出发,先到达西安,找到八路军驻西安办事处。林伯渠很热情地接待了他们,很快给他们办完手续。当时从西安到延安,八百里山川,他俩无钱坐汽车,全凭两条腿,还要通过国民党的层层关卡。但他们下定了决心,再困难也要去延安。在路上,他们碰到不少从全国各地奔赴延安的爱国青年,一路结伴风餐露宿,历尽艰辛,终于到达延安。

## 难忘的抗大生活

延安高昂的抗战精神,团结民主的气氛,像磁石般把李正清深深吸引住了。经过口试、笔试,李正清被录取进入抗日军政大学,成了第三期学员,陶顺文被录取进了陕北公学,两校相距不远。两人从此开始军事化的学校生活。

当时抗大学员编为三个大队,一个是军事大队,一个是政治大队,一个是女生队。李正清被分到政治大队,政治大队的课程是七分政治三分军事。政治课程有马列主义概论、政治经济学、哲学、形势教育、民众运动等,军事课程有战略学问题、游击技术、军队政治工作等。教员有党中央领导同志,也有从大后方来的知识分子。李正清那一期是毛泽东主席讲政治形势,艾思奇讲哲学,任白戈讲政治经济学,滕代远讲战略学,罗瑞卿讲军队政治工作。上课是露天,有时站着听,有时席地而坐,用膝盖当课桌记笔记。虽然已是天寒地冻,但大家的学习热情很高。

最难忘的是毛主席作形势报告。他穿着朴素,修长的身材,浓黑的头发,睿智的眼睛,吸引着全场几百名学员。他对抗战形势精辟的分析,生动的比喻,加上有力的手势,震动着大家的心。学员们屏息聆听,生怕漏掉一个字,全场鸦雀无声,讲到精彩处,大家情不自禁地鼓起掌来,整个操场都沸腾了。记得一次毛主席正在给大家上大课,天空下起了毛毛细雨,气温骤降,毛主席停下来,环视了一下操场上的学员,大声说:“同志们,怕不怕冷呀?”学员们齐声回答:“不怕冷!”毛主席点头微笑着说:“不怕就好,我们面前的路,还会遇到很多困难,只要我们不怕,下决心去克服它,那么,困难出现一个,我们就克服一个,出现多少,我们就克服多少,就没有什么困难能吓倒我们。”听了毛主席的报告,大家的心情久久不能平静,觉得在国家民族危亡之际,看到了光明前途,增强了必胜的信心。除了上课外,学校更多的是组织自学讨论,大家各抒己见,热烈讨论,收获就更大了。

延安的物质生活极端艰苦,小米饭、白菜汤是抗大天天、顿顿的伙食。大家东一堆、西一堆地蹲在露天地里吃饭。开始有些人吃不惯小米,渐渐地也就习惯了。晚上睡觉,几个,十几个人挤在一个大土炕上,有时连翻个身都感到困难。而每月领到1元津贴,只够理发、买牙膏肥皂什么的。条件虽然艰苦,但大家情绪高昂,精神生活愉快且丰富。

抗大的歌咏活动丰富,操场上、课堂上,白天、晚上,都能听到学员唱歌。特别是在集会或上大课的休息时间,各个队之间互相拉歌,歌声此起彼伏,十分热闹。大家经常唱的歌是《义勇军进行曲》《松花江上》《游击队歌》《抗日军政大学校歌》等。几十年过去了,李正清还记得那雄壮、充满激情的校歌:

黄河之滨,
集合着一群中华民族优秀的子孙。
人类解放,救国的责任,
全靠我们自己来担承。

同学们，努力学习，
团结、紧张、严肃、活泼，
我们的作风。
同学们，积极工作，
艰苦奋斗，英勇牺牲，
我们的传统。
像黄河之水，汹涌澎湃，
把日寇驱逐于国土之东，
向着新社会前进，前进，
我们是劳动者的先锋！

为做好上前线和打游击战的准备，抗大还经常组织学员进行军事拉练，他们常以小队为单位爬宝塔山，并开展比赛，既锻炼了身体，又强化了军事训练。

每天，李正清都和学员们在紧张、欢快的气氛中生活学习。延安街头，他们经常可以看到毛主席和其他中央领导同志。抗大学员常常围着毛主席，和他随便聊天。毛主席平易近人，笑容可掬地和大家交谈。这和国民党的大官出门时前呼后拥、戒备森严的场面形成了鲜明对照。

## 珍贵的题词

转眼间到了1938年，第三期学员该毕业了。毛主席对第三期学员说："你们到抗大来学习，有三个阶段，要上三课：从西安到延安八百里，这是第一课；在学校里住窑洞、吃小米、出操、上课，这是第二课；现在第二课完了，但是最重要的还是第三课，这便是到斗争中去学习。"[①]同学们都争先恐后报名上前线，投入抗日战火中。但非常不巧的是，李正清此时胃病再次发作，

① 何长工.何长工回忆录[M].北京：解放军出版社，1987：379-380.

吐血不止,身体十分虚弱,但他还是坚持要求到前线去。抗大副校长兼教育长罗瑞卿知道后找他谈话,耐心劝导他说:“目前延安医疗条件太差,你的病这样重,补血的针药在前线都很缺少,这里就更没法找到。你还是回四川去,一方面治病,一方面直接和当地组织联系,做一些抗日民族统一战线的工作。不管在哪里,都一样是干革命嘛。”李正清只好答应了。罗瑞卿亲笔为他写了一封介绍信,叫他到重庆去找吴玉章。

临行前,李正清多想请毛主席给他题词留念啊。恰巧就在结业前一天,毛主席又一次来到抗大给学员作报告。报告结束时,李正清和其他几个学员不约而同地把早已准备好的纪念册、笔记本掏出来,请毛主席题词。毛主席很高兴,当即挥笔一一题词。大概要求题词的学员多,又很匆忙,因此,在一挥而就中,给李正清的题词还漏写了一个“利”字。

毛主席题词是:

团结干部,连系民众,是一刻也不应该忘记的。如果这样做,就有了工作胜(利)的基础。

抗大的老师罗瑞卿、许光达、滕代远、徐以新等也都在李正清笔记本上题词赠言。

罗瑞卿的题词是:

望速把握现有优良条件,克服困难,以完成解放民族之使命。

许光达的题词是:

掌握着斗争的艺术,以少的力量战胜多的敌人,以小的牺牲获得大的胜利。

滕代远的题词是：

我们是抗大的优秀学生，我们是抗战的先锋战士，为争取中华民族解放而斗争。

徐以新的题词是：

创造新中国是我们的目标，为着这一目标，任何艰难困苦和牺牲在所不惜，而且抱定必成必胜之信心。

## 苦读马列著作

李正清到重庆后，吴玉章热情接待了他，并对他说："你现在身体还十分虚弱，目前最重要的任务是先把身体养好，身体是革命的本钱嘛。再就是趁此机会多读点马列著作，以便更好地为革命工作。"

当时的重庆，要想读马列的书，谈何容易。不但难以寻觅到，而且还要冒很大风险。到哪里去读马列的书呢？突然，他眼睛一亮，想到了邹韬奋办的生活书店。

邹韬奋是著名的爱国学者、进步政论家和出版家，他创办的生活书店，以出版和销售马列经典著作和各种进步书刊而闻名全国，在广大读者特别是进步青年中享有很高声誉。在那个黑暗的年代，生活书店是一个进步的文化堡垒，在它周围团结了一大批进步青年。李正清心想，何不到生活书店去读马列的书呢？

生活书店坐落在重庆武库街（后改名民生路），店面并不大，但吸引着无数进步青年。每天清晨，书店门一开，李正清就迫不及待地挤了进来。那时，趁国共合作的机会，生活书店出版了大批马列著作，那一排排书架上，摆放着《反杜林论》《费尔巴哈论》《德国农民战争》等马列著作以及大量进步的哲学和社会科学书刊,还有延安解放社出版的马列著作和毛泽东的著作。看到这么多好书,李正清非常兴奋。但当时他没有职业,没有固定收入,常常是身无分文,吃饭尚成问题,更何况买书了。他只能天天来书店站着看,有时站得两腿发麻,还舍不得放下书。时间长了,引起了邹韬奋的注意。

1939年春天的一个上午,李正清照例一早就来到生活书店。这些天,他正如饥似渴地阅读刚出版的《资本论》。马克思对资本主义社会经济运动规律的精辟论述以及对资本主义必然灭亡、共产主义必然胜利的有力论证深深地吸引了他,使他全神贯注,忘了一切,常常是书店要关门了,他才依依不舍地离去。这天,李正清正手捧《资本论》聚精会神地看着,突然,一个穿西装、戴眼镜、面带微笑的中年人向他走来,这人就是邹韬奋。邹韬奋一连几天都看到这位穿着单薄、面容清瘦的年轻人在专心致志地阅读《资本论》,有些好奇,也对李正清产生了好感。他打量着李正清,和气地说:“你天天都来这里读《资本论》,既然这么喜欢它,何不买回去细细读呢?”李正清脸红了,只得抱歉地向邹韬奋说明实情:自己没有职业,没钱买书,只能每天来书店看书。邹韬奋望着眼前这个勤奋好学的年轻人,略一沉吟,转身从书架上取下一套三本精装《资本论》,在手里掂了一下,然后送到李正清手里,说:“你喜欢读《资本论》,这很好,你就把这一套拿回去看吧。你什么时候有钱,就什么时候把钱送来,实在没钱,就送给你。”李正清手捧着三册沉甸甸的《资本论》,感动得一时不知说什么好。这时他才知道,面前这位和蔼可亲、送他《资本论》的先生正是仰慕已久的邹韬奋。他真不敢相信自己的眼睛,他想起几年前发生的震惊中外的“七君子事件”,当时,邹韬奋和沈钧儒、章乃器、李公朴、沙千里、史良、王造时等爱国人士均为全国各界救国联合会的负责人,他们提出了团结抗日、停止内战、一致对外、建立统一的抗敌政权的要求,惹怒了国民党政府,国民党政府竟然以莫须有的罪名将他们逮捕。邹韬奋等人在监狱里大义凛然,与国民党反动派展开了针锋相对的斗争。邹韬奋在国民党的法庭上义正词严地说:“如果爱国有罪,我愿终身坐牢!”他们坚持真理，坚持爱国的立场和坚贞不屈的精神激励了全国人民的抗日热忱。如今，他敬仰的邹韬奋就在眼前，还送他一套《资本论》，他怎么能不激动呢？

李正清感慨地说："这件事对于一贯热爱青年、关怀青年成长的邹韬奋先生来说，实在是一件微不足道的小事。但它凝聚着邹先生对青年的殷切期望。"几十年来，这套《资本论》一直伴随着李正清，不论是颠沛流离的地下革命期间，还是在"文化大革命"的动乱年月，他都悉心保存着。

## 加入民主党派，开展地下斗争

在重庆，李正清牢记临别时罗瑞卿对他的指示，在大后方开展统一战线工作。为得到组织上的帮助和支持，1945年，经周新民介绍，他加入了中国民主同盟。1946年，又经郭仲衡介绍，加入了中国农工民主党。此时，抗战已胜利，然而蒋介石大搞专制独裁，破坏国共合作，挑起内战。李正清又投入反对国民党专制独裁、反对内战、争取和平民主的斗争中。

1947年3月，农工民主党重庆市党部成立，李正清与王善继、郭仲衡、章培毅、王希哲等9人被选为党部执行委员，李正清还兼任宣传委员会主任。为了革命活动需要，他到重庆辅仁中学任教员兼高中部主任，秘密联系附近的大、中、小学进步教师和学生，开展针对国民党的反独裁、反内战、争民主的斗争。

1947年，国民党加紧了对民主党派的迫害，不少民主党派成员被捕，李正清没有被吓倒，还参加了营救入狱战友的活动。1947年11月（一说10月，本书编者注），国民党当局下令解散中国民主同盟，农工民主党中央机关迁至香港。[①]为得到中央指示，这年年底，李正清和章培毅一起去香港，向农工民主党中央总部汇报工作。

时任农工民主党中央监察委员会主席、著名爱国民主人士彭泽民热情

① 王夫玉.第三党历史[M].2版，南京：东南大学出版社，2016：325.

接待了他们。彭泽民当时已年过古稀,家门口挂着"国医彭泽民"的牌子。原来,彭老在香港以中医职业为掩护,主持农工民主党中央工作。他医术高超,在香港享有盛誉,被称为"一代神医"。李正清和章培毅当时都是三十岁上下的青年人,但彭泽民在他们面前没有一点架子,十分平易近人。他详细询问了农工民主党在重庆的活动情况,对他们的工作给予了充分肯定和鼓励,并给他们分析了全国的革命形势,认为国民党政权已到了穷途末路,作为民主党派,要和中国共产党一起,为新中国的建立而努力奋斗。彭老鼓励他们多学习革命理论,广泛联系革命知识分子,发展农工民主党组织,壮大进步力量。

1948年夏,李正清、章培毅回到重庆。不久,章培毅不幸被国民党特务逮捕(1949年11月27日在重庆白公馆监狱殉难)。李正清担任了农工民主党重庆市党部代理主任委员,来到青木关中学任教务主任,继续从事革命活动。当时,国民党末日临近,更加紧了对革命人士的迫害,李正清在学校组织了抗议,揭发国民党反动派对革命志士血腥镇压的罪恶行径。他代表青木关中学参加了重庆十院校罢课罢教委员会,组织领导更大规模的抗议活动。国民党当局将李正清列入黑名单,要抓他。在同志们的劝说下,他安排好农工民主党重庆组织的工作,传达了上级关于"保护城市、保护工厂、保存物资,掀起护厂、护校运动,迎接解放"的指示精神,然后化装成工人,再次到香港农工民主党中央总部请示和汇报工作。

## 重任在肩,不辞劳苦

李正清到了香港,彭泽民已应中国共产党的邀请,去参加中国人民政治协商会议第一次会议了。李正清在组织的安排下,也乘船从香港来到了北京。随后参加了1949年11月召开的中国农工民主党第五次全国干部会议。这次会议之所以具有历史意义,是因为它关系到中国农工民主党的生死存亡。当时,参加会议的部分代表认为如今革命已成功了,新中国已建立了,民主党派就没有存在的必要了,因而主张取消中国农工民主党,来个“光荣结束”。另一部分代表虽然不同意解散组织,但又不敢理直气壮地去力争。在这关键时刻,周恩来于11月22日邀请章伯钧、彭泽民、季方等农工民主党领导人座谈,周恩来说:“抗日战争开始后,农工民主党同中共合作得很好。一个革命政党不必害怕自己消灭,但农工民主党还没有到这个时期,它还有它的历史任务,不能让它无疾而终。”[①]周恩来的话,给代表们极大的鼓舞,中国农工民主党终于得以存在和发展下去。

1950年1月初,李正清受中共中央统战部、农工民主党中央和民盟中央的重托,回重庆整理农工民主党组织,并协助楚图南、萧华清等同志整理民盟组织。这是他一生中最繁忙、最活跃的一年,不少活动清楚地记载在中国农工民主党的党史和有关的文件档案之中。

2月,李正清、刘宗宽、罗任一、黄朋豪被选为正式代表,出席重庆市解放后各民主党派举行的第一次座谈会。

3月,农工民主党重庆市临时工作委员会(简称“农工党重庆临委”)正式成立,李正清被选为副主任委员。

6月,李正清、黄朋豪应邀出席重庆市各民主党派在胜利大厦举行的联欢会。

7月,李正清被任命为重庆市人民监察委员会委员。农工党重庆临委组织百余名农工民主党党员走上街头,开展反对美国侵略朝鲜等的宣传活动。

9月,农工党重庆临委成立机关月刊《渝讯》编委会,李正清被推选为主任委员。

11月,农工党重庆临委与重庆市其他民主党派联合发表谈话,拥护抗美援朝,保家卫国。11月29日,农工党重庆临委在胜利大厦集会,悼念邓演达先生及在中美合作所殉难的农工民主党党员黎又霖、章培毅、张孟晋。

① 中共中央文献研究室.周恩来年谱(1949—1976).上卷[M].北京:中央文献出版社,1997:11.

12月,农工党重庆临委成立反霸减租退押协进委员会、税收促成委员会、抗美援朝宣传委员会。

在“肃反”“镇反”运动中,李正清受到牵连,被排除出农工民主党重庆市委领导层。但逆境没有使他消沉,从此他开始了新的生活方式。

## 弃官从教,良师益友

李正清从青年时代起就对马列主义理论怀有浓厚兴趣,因此,他要求到学校工作,一方面可以向青年人宣传马列主义理论,另一方面可以继续马列主义的理论研究。1950年,他被求精商学院、正阳法商学院聘为教授,讲授政治学和社会发展史。不久,又担任正阳法商学院院长兼教务长。为了进一步提高自己的马列主义理论水平,1952年,他到华北人民革命大学政治研究所深造,并于同年调西南师范学院历史系任教,直到1997年逝世。

在西南师范大学的四十多年里,他默默无闻、勤勤恳恳地从事教学工作,讲授中国近代史、中国现代史、中国近代思想史等课程。他曾花费数年时间,写成《马列主义与中国革命》书稿,可惜此书稿在特殊年代被付之一炬。

在西南师范大学,李正清先后被选为农工民主党中央咨监委员,农工民主党四川省委、重庆市委和北碚区委顾问,重庆市政协第一至第八届委员及农工民主党西南师范大学支部主委、北碚区政协老委员联谊会会员。但他淡泊名利,从不居功自傲,从不炫耀自己。他十分热心党派活动,严格要求自己,他晕车,只能坐那种车窗都不全的破烂车子,但市里通知他开会,不管刮风下雨,他都按时参加。学校的组织生活会,他也是坚持参加,从不迟到早退。对学生,他循循善诱,诲人不倦;对青年教师,他热情关心,从不摆架子,因此受到广大师生的尊敬。他身体自小就羸弱多病,为了强身,他几十年如一日,每天用冷水洗澡擦身。记得1988年我和他出席中国农工民主党第十次全国代表大会，在北京京丰宾馆同住一室，就见他天天冷水擦身不间断。

李正清先生是我的良师，也是我入党（中国农工民主党）的介绍人，我们是一个系的同事，还是茶友。他生平一大嗜好是坐茶馆，这也许是他在新中国成立前做统战工作广交朋友留下的习惯。他十分节约，当时的茶馆可以自带茶杯、茶叶，茶馆供应白开水，这样就便宜得多。记得他常常带的是一只多处碰掉了瓷皮的小搪瓷茶缸，喝的是各种茶叶混合的“茶叶末”，每喝一口茶，都要吹一下漂浮在茶水面上的茶末。一次，我买了两把宜兴茶壶，送了他一把，他很高兴，爱不释手，每次喝茶，都小心翼翼地从包里捧出这把宜兴壶来。在品茗的同时，他常常向我讲起几十年前的一些往事，使我对中国农工民主党有了很亲切、生动的认识，也对他更加尊敬。

在公众场合，他不善言辞，在民主党派的会议上，他也极少发言，但发起言来，中心思想很明确，那就是要时时刻刻牢记民主党派是在中国共产党的领导之下，要旗帜鲜明，永不动摇。

说心里话，当年我之所以加入中国农工民主党，也是因为我第一个接触的农工民主党党员就是李正清，他的高尚人品深深吸引了我，我是从他身上开始认识并自愿加入中国农工民主党的。

# 李世俊：功勋卓著的农学家

张晓华

李世俊

李世俊（1901—1962），男，山西省万荣县人，中国现代农垦事业的先驱者和实践家。1925年考入北京大学农业化学系，1932年毕业后即从事屯垦事业。1937年奔赴延安，在发展陕甘宁棉花生产和开辟南泥湾中作出过重大贡献。新中国成立后，历任农业部计划司司长、植物病虫害防治司司长等职，积极参与国家农业生产的组织领导工作，在恢复和发展农业生产以及发展农业教育等方面，均有卓越贡献。1957年至1962年任西南农学院院长、西南农学院党委书记兼院长等职。

## 学生时代追求进步

李世俊（1901—1962），字子义，1901年9月生于山西省万荣县薛店村。

1925年，李世俊考入北京大学农学院农业化学系。自五四运动以来，北京就成为各种新文化和新思想的策源地，各大学校园的政治气氛比较浓厚，李世俊身在其中，自然也受到熏陶。读大学一年级时，李世俊就接受了马克思主义，崇尚“革命救国”的思想，主张走苏俄道路、进行阶级斗争和社会革命，并积极参加反帝反封建的革命政治活动。1927年，奉系军阀在北京大肆搜捕共产党人和革命群众。不仅如此，反动军警还突然包围北京大学农学院，李世俊、余其心、张蜀樵等被捕入狱，李世俊等人在侦缉处被关押了十二天后才被学校营救出来。由于积极参加革命政治活动，李世俊直到1932年才大学毕业。

毕业后，李世俊即投身于屯垦事业，在包头晋绥军屯垦办事处任科长，负责组织实施绥西的农业开发，取得卓越成绩。

## “特殊”的党员

1937年夏，在阎锡山、王靖国的推荐下，李世俊到国民党南京军政部从事军队屯垦工作。因“七七事变”爆发，李世俊报到后并没到任工作，同年10月，李世俊带领江心、相里矩、高应明等农林科技人员投奔延安，参加中国共产党领导的抗日民族解放战争。从1937年到1941年，李世俊先后在延安陕甘宁特区政府国民经济部任技正，在陕甘宁边区建设厅任技正、技术室主任、工业原料委员会主任等职。

经刘少奇介绍，1938年，李世俊加入了中国共产党。当时党拟派他外出做抗日民族统一战线工作，所以他的党籍在党内没有公开，而他也没有过组织生活，成为一名“特殊”的党员。党的六届六中全会后，党决定把李世俊留在延安进行生产建设工作，所以直到1941年李世俊在南泥湾工作时，中央组织部才批准在党内公开其党籍，并让李世俊正式过党的组织生活。

1952年，在“三反”“五反”后，党中央决定帮助各民主党派发展组织，李世俊服从中央农业部党组的安排，加入了中国国民党革命委员会（以下简称“民革”），成为民革的跨党党员，在农业部建立民革组织。

## 陕甘宁边区种棉花

李世俊曾负责筹建陕甘宁边区模范农场，筹办首届陕甘宁边区农产竞赛展览会及第一、二届工农业建设成就展览会，由于具有丰富的农学知识和组织才能，不久便升任边区政府建设厅技术室主任。1940年，国民党对陕甘宁边区加紧经济封锁，企图削弱和困死共产党领导的抗日根据地。边区军民为求生产自救，力争粮棉等主要物资自给。李世俊受党和政府委托，带领唐川、姚作农、丁景才等对沿黄河的延川、延长、固临三县进行了长达五十九天的考察，发现沿河地区光热资源比内地丰富，有利于棉花的生长，而且这些地方曾经种过棉花。在清末民初最盛时期的植棉面积约有8万亩，年产棉约60万斤。辛亥革命后,由于战争及自然灾害的影响,植棉逐渐减少。后来又因洋布倾销,植棉无利,造成纺织业停顿,这些地方也就不再植棉。陕甘宁边区有150万军民,每年约需皮棉350万斤,以平均每亩产皮棉10斤计算,约需种棉35万亩,就可以基本解决边区军民用棉问题。这样看来,边区完全可以通过自己种棉花来解决穿衣问题。于是,李世俊向边区政府提出在沿河三县种棉的报告。

边区政府批准了李世俊的报告,并任命李世俊为工业原料委员会主任。为鼓励农民种棉花,他给农民算了一笔经济账:如果每亩收10斤皮棉,每斤市价12—13元,则每亩收入为120—130元;而种粮食每亩收2斗谷子,每斗45元,每亩收入为90元。虽然种棉比种粮费工,但收入比种粮高,所以也还划算。李世俊利用山西商人的关系,从河东购进棉籽10多万斤,以低价卖给农户或以秋后无息归还棉籽的形式贷给农户。政府也采取了一系列措施鼓励农民种植棉花,如规定棉田三年内免征农业税或公粮,2斗棉籽可折1斗公粮;边区银行实行免利植棉贷款,春天照市价发放,秋天还棉花;组织唐川等人编写了《怎样种棉花》小册子和棉花整枝打杈的挂图,并且印发下去供农民参考。1941年,边区棉田面积达到3.9万亩,以后逐年增加,1944年达29.5万亩,净产皮棉304.4万斤,约占边区需要量的2/3以上;到1946年,全边区棉田面积达到35.1万亩,实现了棉花自给。

## 南泥湾的组织开发者

1941年,抗日战争进入相持阶段,党中央和毛主席发出开展大生产运动的号召。中共中央、中央军委调令一二〇师三五九旅到南泥湾军垦屯田。李世俊作为当时延安有军垦经验的农业专家,积极参加了南泥湾的垦荒工作。他担任南泥湾垦区管理委员会主任,兼任军委总农场场长,后又到教导二旅指导部队的生产工作,挑起开发南泥湾的重担。

李世俊指导三五九旅将南泥湾建成模范屯田区，取得了卓越的成绩。他发挥自己的专长，努力工作，从制定开发规划到具体实施，在土地分配，河道疏浚，稻田开发，造林护林，水土保持以及安置移民，积肥造肥，购买耕牛、农具、种子，开辟道路，建立市场等方面都做了具体安排。短短三年时间，人迹罕见的烂泥洼变成粮食满仓、牛羊满山的陕北好江南，大大振奋了边区军民抗战胜利的信心。

1943年1月11日，朱德总司令致书李世俊，对他的成就给予赞扬，并希望他继续指导三五九旅和各机关生产队及农民完成新的任务。李世俊也没有辜负朱德总司令的期望，不断总结经验，加倍努力工作。1943年4月24日，李世俊在延安《解放日报》上发表了题为《怎样领导和执行南泥湾政策》的文章，系统地总结了南泥湾的土地分配、河道疏浚、治水节水、森林开发与保护等经验，提出了社会发展展望。

他刻苦努力的工作态度令三五九旅的干部对他十分尊敬。著名爱国将领、民主人士续范亭在《杂吟》中有“人民爱戴李主任，计划周详多辛苦”之句，王震将军称赞他为富有经验的农业专家。

1946年7月，李世俊受中央组织部派遣，带领一支50多人的干部队伍，离开延安前往华东解放区。李世俊在山东省政府实业厅任农业实验所所长，后改任农林科科长。在那战火纷飞的年代，开展业务很难，机关工作人员大都被派出去做支援前线和土地改革的工作，而李世俊还参加了渤海地区的土改工作，投入农村反封建斗争，这进一步充实了他的农村工作经验。

1948年5月，李世俊由中央工委调到华北财委工作。当时设在河北平山西柏坡的中央工委华北财办要他先作冀中农村调查并参加解放区财贸会议，8月正式调任石家庄华北农业试验场场长。这段时间，李世俊为迎接全国解放，建立新中国，在团结干部、培养人才、蓄积力量等方面，做了大量工作，为后来新中国发展农业科学事业准备了条件。

## 全力投入恢复和发展农业生产

新中国成立初期,李世俊曾担任过农业部计划司司长并先后在农业部植物病虫防治司、农政总局、宣传总局等担任领导职务。1953年2月,李世俊被中国科学院院长郭沫若聘为科学院专门委员。

1951—1952年,他多次带领专家前往河北黄骅和皖北等地区指导灭蝗工作。李世俊特别重视科学技术的力量,为把蝗虫彻底消灭在起源地而不至于扩大到其他地方,他大力支持华北农业科学研究所理化系研制生产农药六六粉,并且取得成功,为后来控制蝗虫及其他虫害创造了条件。

当时的中国因多年战乱而百废待兴,且彼时兽疫流行,水旱病虫灾害也经常发生,特别是水利失修,严重地阻碍了农业生产的恢复和发展。李世俊广泛启用和团结新老农业专家,架起一座联系党和知识分子的金桥。在李世俊的建议下,农业部聘请了几十位知名农业专家参加技术指导顾问工作。李世俊注意发挥他们的专长,为他们创造工作条件,把他们吸收到国家农业建设迫切需要的岗位上来,充分发挥他们的作用。因踏踏实实的工作作风,李世俊受到广大专家的尊敬和信任,他们赞扬他农村工作的基础很扎实,坦荡无私,朴实无华,肝胆相照。这些专家经常深入实际,解决生产上急需解决的技术问题,使农业生产迅速得到恢复和发展。

在全力投入恢复和发展农业生产的同时,李世俊还注重对外交流活动。1953年,李世俊参加中国科学院赴苏参观团到苏联参观访问,随后作为首席代表率中国植保代表团参加了在保加利亚召开的国际植保会议。1955年,李世俊还赴印度参加了亚洲国家会议。

## 和西南农学院师生共渡难关

1957年10月,根据中共中央关于加强对高等院校领导的指示,为加强对农业部直属的八所高等农业院校的领导,李世俊从农业部调任西南农学院院长，肩负起为新中国培养农业人才的使命。1962年，李世俊被任命为西南农学院党委书记兼院长。在此期间，他还当选为重庆市人民代表大会代表、中国人民政治协商会议重庆市常务委员、四川省农学会理事、重庆市作物学会理事长。在西南农学院的日子里，李世俊一直保持和发扬延安时期的工作作风，刻苦自励，艰苦朴素，吃苦耐劳，以身作则，勤勤恳恳、全力以赴地工作。他平时总是穿粗布鞋、补丁衣，经常与师生一起到田间地头参加劳动。虽然多年来他牙、耳、眼都有疾患，同时患有失眠症，后来还得了肺癌，但他始终坚持工作，与西南农学院师生共渡难关，直到生命的最后一刻。

李世俊一直坚持实事求是的工作作风。为响应“全民炼钢铁、炼钢又炼人”的号召，学院除派出干部、学生351人外，还投资人民币16000余元在北碚黑石坪开办炼铁厂，炼出了一小坨毛铁作为报捷样品。后来李世俊在重庆市一次会议的发言中，对办这个厂的评价是“效果不大，没有收益”。李世俊着力整顿实习农场，亲自蹲点，帮助农场领导调整生产组织，撤换不称职的干部，明确生产责任，贯彻“多劳多得”原则，充分调动农场职工的积极性，从而大大减轻了教师和学生的劳动负担，保证了良好的教学秩序，教学质量也得到显著提高，为学院培养更多德智体全面发展的建设人才创造了条件。

在自然灾害频发的年代里，师生的口粮都是固定分配的，学生每月28斤粮，教师每月21斤粮，因为学生正是长身体的时候，所以口粮的标准反而比教师要高。有一次他和政治课教师欧阳世乾说道：“你们做宣传工作的同志，要实事求是地做好宣传工作。粮食确实不够吃，国家有困难，给同学们讲清楚，大家共同克服困难。教师每月21斤粮不够吃，连我也不够吃。遇到灾害，要体谅国家的困难。”他身体力行，提倡多种瓜菜补充粮食不足。这对当时师生克服困难、渡过难关起了一定的作用，深受广大师生的欢迎。

李世俊重视人才培养，爱护干部。学校农场领导和工人关心他的身体健康，趁他不在家时送去一只公鸡，他回家知道后把鸡送给了园艺系老教授董时厚。他还经常教育青年人，如何认识和分析形势，如何抓住问题实质和主要矛盾，按照事物发展规律办事，发动和依靠群众力量去完成任务。他特别强调发挥人的积极因素，对不同层次的知识分子，采取不同方法做细致的思想工作。西南农学院有一位教授在政治运动中受过冲击，长期存有抵触情绪，李世俊便推心置腹地和那位教授谈心。后来那位教授说："李院长对我帮助很大，使我口服心服，他语重如山，使我终生难忘。"

李世俊特别关心爱护他人，所有接触过他或和他一起工作过的人，无不感受到他无微不至的关怀。当时学校有一辆波兰华沙牌小轿车作为公务用车，李世俊在路上碰到学校的教职工都会叫他们上车。每次坐车到重庆市开会，李世俊也都会主动问有没有搭车进城的。李世俊还主动关心职工的婚姻家庭问题。此外，他尤为关心农场工人的生活，教导农场工人以场为家。他经常与工人举行座谈会，后来甚至到农场与工人同吃同住了很长一段时间。他对学生也是关爱有加，困难时期，为了使学生吃饱吃好，他干脆住在学生食堂，与食堂工人共同研究学生的吃饭问题。虽然住在学生食堂，他却从来不吃食堂的饭菜。他说："我在学生食堂看着香喷喷的饭菜，不能吃，也不该吃。我有我的口粮。"

李世俊一直坚持学习革命理论和科学技术。他刻苦学习的精神是有口皆碑的，可以说他是活到老、学到老的典范。他总是争分夺秒，孜孜不倦地学习，见缝插针，只要有空就看书、看报、看文件。1961年10月，李世俊被确诊为肺癌。在动大手术前两小时，他还在泰然自若地钻研《资本论》，连医生也感到惊讶。

李世俊兢兢业业的工作精神同样令人感动。1961年，李世俊到学校农场检查旱情，得知农场工人早上5点钟就到田间出工后，他也早上5点就到田间检查工作，令农场工人十分感动。在住院治疗期间，他仍念念不忘学院的教学工作、生产情况和全院师生员工的生活情况。1962年7月，得到医院许可后，他回学院休息一个星期，在这短短七天中，他不听劝告，每天都要和学院其他领导研究问题，还亲自到农场和农机厂指导生产，返回医院的前一天晚上，他还召集农学系全体教师开会，研究布置工作，师生们看到他消瘦的样子、艰难的步伐，都禁不住潸然泪下。

1962年11月24日，李世俊于重庆逝世，享年61岁。学校在大礼堂为他举办了一场隆重的追悼会，会场四周摆满了花圈、挽联。学校评价他："有批评有鼓励，抓工作既全面又有重点，是严师又是良友。"一个叫唐泽厚的学生在追悼挽联上写道："忠贞勤劳为革命，心直口快一老人；亲切关照慈母意，严格要求长者心。"

李世俊在西南农学院虽然只有短短五年时间，却与学校广大师生建立了无比深厚的感情。时至今日，许多老同志仍然对李世俊念念不忘。

# 李际科：记忆的青石板上，马蹄声远[①]

邓力　何卫东

李际科

李际科(1917—1995)，男，安徽休宁人。1941年毕业于国立艺术专科学校。先后在国立艺术专科学校、湖北艺术学校、重庆艺专等校任教。1952年起在西南师范学院任教，擅长中国工笔花鸟画。编写有《中国画课程设计》《鸟谱》《画翎毛方法步骤图》等十余种著作和教材。代表作品有《蜀江之晨》《美丽的云南山茶花》《早春初牧》《鹤鸣九皋》《百鸟图》等。

人世间爱马者多矣，有几人能像李际科先生一样，一生爱马成癖？

为马流浪，为马流泪，曾经为养马、骑马变卖衣物，因为马选择工作的去路，从南到北，哪里有冥冥中与他灵性相通的马儿，哪里就是他落脚的地方。

一生写马，一生画马，当他曾经面对的无数骏马早已化作如烟微尘之后，他笔下的马却昂首走进了中国画的艺术宝库。

人们对李际科的画马名作给予“独步当代”的评价，美术评论家、南京师范大学美术学院教授徐培晨认为，李际科先生以《早春初牧》为代表的作品“达到了时代的空前水平，堪称独步当代的工笔画杰作。其分量不可小视，许以国宝”，“李先生的工笔马，徐悲鸿的意笔马，可以说是殊途异趣，各臻其妙”。[②]当然，学界和美术评论家们在对他以马为代表的国画作品予以高度评价的时候也没忘记，李际科是一位绘画题材广泛的画家，除了“马”，他还

① 本文为作者与傅本娴老师合作完成——本文作者注。

② 徐培晨.花香鸟语皆妙笔　万马齐暗入画图——谈李际科先生的艺术[M]//李际科.李际科画集.天津:天津人民美术出版社,2005:2.

有《月下步牡丹畦》等工笔花鸟画，还有《观瀑图》等山水画作，还有《孔子像》等工笔人物画，更有狂放恣肆的《万里西行急》……

## 少小情趣，多自水墨笔上生

李际科，字志可，1917年出生。在李际科的个人履历表中，其出生地为安徽休宁，其常用闲章亦镌刻“皖南李际科”朱文。其实李际科一生都不知道自己的出生地，不知道自己的亲生父母是谁，将安徽作为其出生地，只是因为养父李葆臣是安徽休宁人。

李葆臣为徽商，经营蛋粉、芝麻生意，曾有“芝麻大王”之誉。1917年，李葆臣抱养仅4个月大的婴儿，取名李际科。虽说是养子，李葆臣对李际科却十分疼爱，尤其是养母吕氏见际科眉清目秀，乖巧伶俐，十分宠爱。在这样一个自由宽松的家庭里，李际科获得了比一般人家的孩子更为优越的读书、学画的环境。

李际科4岁接受启蒙教育，家里聘了先生给他讲授《三字经》《百家姓》。先生多才多艺，擅长作画，笔下的飞禽走兽灵动鲜活，尤其是所画老虎，栩栩如生，威风十足。李际科第一次去拜谒先生，就被先生家中那些栩栩如生的画吸引住了。不知美术为何物的他，但见先生挥洒一支饱蘸浓墨的毛笔，转眼间就让那些飞禽走兽跃然纸上，像真的一样。这真是太神奇了！李际科由此对画画，尤其是画动物产生了兴趣，这种兴趣影响着他的人生，成为他一生奉献中国画的最初动因。

从此，李际科常去看先生作画，模仿着先生的样儿慢慢地学着作画，画各种自己喜欢的动物。年龄稍大，就开始自学《说文图谱》，临摹画报上的动物。徽商有崇文重教的传统，有钱人家总要布置个书房、添置点文房四宝类物什。和大多数徽商一样，李际科的父亲也有自己的书房，只不过生意繁忙，能坐下来静静读书的时间几乎没有。又因为安徽出画家，而且画派众多，士绅都以书房中收藏有名家画轴、画册为荣。李家的书房也不例外，《芥子园画谱》《古今名画大观》《点石斋画谱》等应有尽有。李际科在家中临摹画谱，11岁时开始临摹张善孖的《十二金钗》等大幅画卷，以后又开始画实物。

为使笔下的对象更加“像”，更加鲜活生动，在父母支持下，李际科饲养了不少小动物，到自家阳台上观察小鸽子一度成为李际科的另一门“功课”：每天作业做完，他就去自家阳台，往地上撒把谷子，看着鸽子们飞来身边，挥一挥手，鸽子们又箭也似的飞向天空。李际科乐在其中，他认真地观察鸽子落地、啄食、嬉戏、飞翔、俯冲时的姿势和神态，久而久之，就对鸽子的形态有了较深的印象，能够十分敏锐准确地抓住鸽子的瞬间动感并用画笔再现出来。

年龄稍长，一种高大伟健的动物——马进入了李际科的视野，雄姿英发的骏马引起了他的浓厚兴趣。最初他只能小心翼翼地骑在马背上玩，马儿前面一定得有人牵着，慢慢地他学会了自己骑着马小跑。李际科对马的兴趣与日俱增，画马成为他的新喜好。他临摹名画上的马，对郎世宁笔下的马更是兴致盎然；潇洒俊逸、活泼雄健的马儿成了李际科绘画的重要题材。

在画鸽子、画马的日子里，李际科对绘画的认识发生了重大变化，他对动物的认识开始从个人兴趣上升到艺术的认识。他的生活内容也发生了改变，由与动物嬉戏玩耍变为有意识地将画动物、表现动物作为生活的一部分。随着时间的推移，这一部分在他的生命中逐渐放大，最后终于成了他生命的全部。

## 好马成癖，恩师助勉赠“志可”

1938年，李际科高中毕业。

由于日寇入侵，北平艺专、杭州艺专内迁至湖南沅陵时合并组建为国立艺专，李际科于1938年考入该校中国画科。神州板荡，广袤的国土上再也安放不下一张平静的书桌。学校不得不在敌机的轰炸中向内地一迁再迁：湖北武汉、湖南沅陵、贵州、云南，学校在空袭警报声中南奔西逃，于1939年的春天才在昆明滇池东南边的安江村暂时驻扎下来。1940年，学校又不得不北迁重庆璧山、青木关。多灾多难中诞生的国立艺专，因名家众多，一度被誉为“东亚艺术最高学府”。这里教授云集，直接教授李际科的老师就有潘天寿、吴茀之、张振铎等。潘天寿先生身兼中国画、古典诗词、书法篆刻、中国画史及画论等课程，对李际科的艺术观影响至深，甚至“助力”李际科技法风格的形成。最为难得的是，李际科那些特立独行的行为，那些在同学们看来属于顽少习性的事，却能得到潘天寿的理解，比如李际科骑马。

李际科爱马习性已养成多年。学校迁到昆明安江村后，学习环境相对稳定下来。一个假日，李际科去安江村附近以变卖衣服的方式买了一匹黄骠马，他将马寄养在农家，放学后就去郊外驯马、画马。此前，李际科已有一些养马、驯马、骑马经验，这匹黄骠马很快就被他调教出来。他每天骑着马去学校，骑着马回住地。在学校，每当上课钟声即将敲响时，人们总能听到一阵急促的马蹄声由远而近传来，紧接着是马靴在楼道里的声音，这声音有些刺耳，但会在教室门口戛然而止，然后是李际科满脸通红地走进教室，十分耀眼。本来，李际科卖衣服买马的事早已经在校园传开，骑马上课的出格行为更是引起各种非议，很多人都认为李际科贪玩，不务正业。

潘天寿先生很快知道了这事。一天课后，李际科出了教室，正向拴在操场边的黄骠马走去，潘天寿先生走了过来，指着那匹马，主动问起李际科：“那马儿就是你变卖衣服买的吗？你每天都骑着它上学放学吗?”潘先生问话的时候盯着这匹膘肥体壮的马，目光柔和。李际科将自己从小就喜欢动物，特别偏爱马，也很想把马画好，因为没钱才变卖衣服换了马的经过老老实实地向先生做了坦白。潘先生听了很是赞赏，说道：“很好嘛。我一向主张每个学生都要尽量发挥自己的独创性，创造自己的风格，既然你喜欢画马，那就要记住，韩干画马画肉不画骨，韦偃画马瘦骨嶙峋如画松，而李公麟画马，如苏轼赞誉的‘龙眠胸中有千驷，不独画肉兼画骨’，这些，都要认真去研究、理解、临摹。”骑马上课，先生予以默许，并要李际科向徐悲鸿等学习画马，博采众长，开阔视野，画出属于自己的“马”来。潘天寿先生并不画马，但他以一名画家的独特视角发现了李际科不同寻常之处，并在后来长期影响着李际科，被李际科视为一生难得的恩师而一辈子仰慕。

许是命中注定有缘，李际科与潘天寿先生的生日都是3月14日，两人同月同日出生，只是不同年，师生之间年龄相差整整二十岁，却心意相通。有潘天寿这样的大师引路，李际科不但画艺精进，书法、篆刻也有很大进步。

在国立艺专，李际科曾刻闲章“福寿康宁”请教潘先生。潘先生端详了一阵问他：“章法如何？”李际科说：“‘福’字疏密似乎与‘寿康宁’三字不协调。”潘先生捂住“福”字叫他再看，李际科若有所思地说：“那个‘福’字显得多余了。”潘先生说：“一比较就看出问题来了嘛，把‘福’切掉。”“福”字一经切去后，这枚印章的韵味顿时凸显了出来。李际科由一方印章悟到一个道理，他高兴地将“寿康宁”这一带有双重寓意的印章送给潘先生，先生十分高兴地接受了。“寿康宁”这枚印章以后一直保存在潘先生的常用印章中，从20世纪40年代一直用到60年代，潘先生的几十幅存世作品都钤有此印。而潘天寿的“回赠”是为自己的得意门生取名“志可”，鼓励李际科做一名敢于标新立异的画家。

在以后的日子里，潘天寿先生的教诲、“寿康宁”印章之事、有关黄骠马的故事，深深地植入了李际科的记忆，影响着他的创作与人生。

李际科爱马，养马，骑马，写马，不吝惜最美的语言赞马，他创造性地用各种不同的绘画技法画马，在学校里很快就有了“马癖”的外号，李际科自刻闲章一枚响应：“好马成癖”。“好马成癖”专门用在他的画马之作上，他自己也以“一癖”自称了。

后来的岁月里，李际科为笔下的马四处奔波。毕业后，为观察西北马，他毅然去了甘肃武威青云中学任教；在武威教了一年书后，李际科带着丰富的素材回到重庆母校做国画助教。1945年，他辞去重庆艺专教职，去四川奉节青莲乡（今属重庆）任教，也是因为那里有马可画；1946年，李际科从奉节买舟东下，到武昌艺术专科学校任教，为的是那里有日军投降后留下的东洋马；1948年，他去了云南农林植物研究所工作，也是为了去那里了解云南的马。甚至与夫人的相识相爱，也是因马结缘，以马为媒，后来陆续有了五个孩子，也全部用了骏马称谓：龙骧、龙媒、龙文、龙驹、龙燕——五“马”奔腾，传为佳话。他流寓南北，观天下群马，交天下马友；他出行骑马，入厩观马，提笔画马，一生相伴有马，爱马至深，画马至终。他用自己的全部身心去体会马的神韵，去努力地画出自己理想中的天下骏马。为这一理想，他付出了自己毕生心血和智慧。

在无风亦寒凉的甘肃武威，他深入草原、牧场，研究西北名马。有时在马厩里观察马的各种情态彻夜不眠，看着马站着睡眠的憨态，他多次被感动得潸然泪下。在甘肃短短一年，他得素材千余幅，创作《百马图卷》《林园西骛》等画作百余幅，1942年暑假在武威举行画展，时值张大千先生离开敦煌路过武威，参观了画展，张先生对李际科的马画十分赞赏，李际科当即作马画一幅相赠。

是年12月，李际科回到重庆松林岗母校，不久，学校由松林岗迁至重庆江北盘溪龙脊山，陈之佛接任吕凤子校长职务。陈之佛先生是一位很有声望的工笔花鸟画家、工艺美术家，李际科很崇拜他。陈校长得知李际科已从西北回来，看了他的画作和大量写生稿后，对他十分器重，聘他为国画系助教，李际科也因此有了更多的受教于陈之佛先生的机会。

李际科教学之余继续整理从西北带回来的大量画马草稿。在现代画风的影响下，李际科开始追求放任不羁的个人主义和自由主义艺术，崇尚为艺术而艺术的文艺思潮。在这种思想指导下，李际科开始在写意画中尝试风格变化，他突破国画画马的笔墨结构，融入西画技法，加入写实因素，尤其重视突出马的神韵和画家个人对马的特殊感受,从而形成了他纵横涂抹、自由豪放的绘画艺术风格。这一时期,李际科创作了《汗血驹》等不少富有生活气息、意气飞扬的大写意马画,进入创作的高峰期。

1944年,潘天寿先生接任校长,李际科代表教师去迎接潘天寿先生,因为又可以得到潘先生的教诲了,心情特别好。李际科也在创作之路上开始了新的探索,这年底,他开始变革笔墨技法,变“写意技法”为“彩墨速写技法”,变“工笔重彩技法”为“淡彩技法与高古游丝描相结合的技法”。他将这些技法的变革设想连同画作《汗血驹》《仿现代风格画马》拿去请教潘先生。潘先生看后教导他说,画事须天资、功力、学养、品德四者兼备,不可有先后高低,而品德又是决定因素,只有人品高了画品才高,要丢弃名利之心,人的本性才不会受羁绊,才能在艺术中表现至真至性的美。潘先生还说,古今画马的人很多,也有成就,各人有各人的表现技法,我们既要吸取众家之长,又必须有自己的面目,要有独创性,还要多读点书,加强学养,今后的路还长。先生话不多,但字字句句都对李际科产生了很大影响。

1945年初,为搜集川马素材,李际科向潘先生递交了辞呈,去了奉节一个以马代步的农村——青莲乡,到那里的青莲中学任教。

青莲乡养马条件较好,校董、校长也养马、骑马,学校专门为李际科建了一个马厩。他前后养了两匹马,常为生活和绘画材料所需骑马来回于万县(今重庆万州区)、云阳、奉节之间,日夜兼程的奔波途中,他发现川马夜行在悬崖峭壁上也不失蹄,这是行走在垄塬之上的西北马做不到的,根据这一特征,他创作了《登云骠像》《松林八骏》《骥子图》等一大批以马为题材的作品,写了不少吟咏马儿的诗篇。抗日战争结束后,日本人在汉口留下一批战马,渴望了解日本战马习性的李际科得知消息,连忙乘船沿江而下。在武汉,他买了一匹日本马,将日本战马同中国马作分析比较,积累了二十余幅东洋马的写生素材。在行经长江途中,李际科饱览“万峰磅礴一江通,锁钥荆襄气势雄”的三峡风光,获得三峡风光素材百余幅,这对他以后创作大型画卷《蜀江之晨》起到了至关重要的作用。

1948年夏，为进一步了解云南马的习性，李际科又毅然辞去武昌艺专教职，重返云南。他先后到大理、丽江、昭通等地，积累了数以千计的素材。在云南的马市上，李际科结识了植物学家蔡希陶。

蔡先生是中国科学院昆明植物研究所副所长，亦是一位饲马、骑马的爱好者，共同的爱好使他们很快成为挚友。在昆明的三年中，李际科先后饲养了各种各样的马八匹，如良种马、驮马、矮种马、老马、瘦马和法国马等，并以瘦马为形创作了表现杜甫诗意的《瘦马图》。

新中国成立后，李际科离开云南，1951年受聘于重庆艺专，1952年调西南师范学院工作。20世纪50年代初，任教于国画讲坛的教师们都被卷入了一场有关国画兴废之争的漩涡，对国画的否定倾向一度占领上风，不少人认为国画表现的尽是风花雪月、残山剩水，不可能像宣传画那样，直接表现现实生活，鼓舞人们投入火红的社会主义建设事业中。更有甚者，认为国画除了表现封建阶级腐朽没落的思想意识以外，毫无是处，国画不如宣传画，更不如油画。在流行以写实风格绘制工农兵形象和领袖画像的现实背景下，国画课停了，国画老师改行了。李际科接受了系上安排的素描和色彩的教学任务，他从写生入手，夯实学生的写实能力，结合国画技法，对学生进行严格的“白描勾勒”和“工笔赋彩”训练，培养学生用线造型和工笔赋彩的表现能力。有关西画和中国画优劣的纷争终于在1955年有了结果，中国画又重新回到课堂，李际科任本、专科的中国画课教学，1981年开始担任西南师范学院硕士研究生导师。

课堂外的李际科不知疲倦地参与艺术创作活动，1956年，李际科到北京参加全国第一次国画教学研讨会，这次会议明确了中国画要继承发扬民族优秀传统，要坚持为工农兵服务。1958年，人民公社化运动搞得热火朝天之时，李际科背起行李，去了金刚公社。他卷起裤脚，走向田间地头，栽秧打谷，参加各种生产劳动；他观察生活，思考绘画艺术如何为现实服务的问题。

这一时期，在他笔下有了以中国画的表现形式反映火热的现实生活的巨幅画作《人民公社远景规划——人民公社好》和表现农村繁荣景象的《人民公社四季图》。这些作品丰富了中国花鸟画的表现内容。

此后十余年，李际科的创作精力特别旺盛，他拿出他对马的那股热情，研究鸟类分类学、动物学，并买来多种禽鸟自己喂养，仔细观察。他将鸟类中那些最具观赏价值，也是人们常见的、有代表性的鸟编绘成《鸟谱》《鸟类动物解剖结构图》《羽毛斑纹色彩表现》等示范性画谱。令人惋惜的是，其中最精彩的《鸟类四态：飞、鸣、食、宿》等12幅示范画被北京荣宝斋遗失。李际科在编制《鸟谱》基础上绘制的《百栖图》，共绘制各类禽鸟110只。这幅长卷形神兼备，形象地体现了李际科的绘画美学思想，惜乎原作在"文化大革命"中遗失。

十年浩劫结束以后，李际科的创作达到又一高峰，年事已高的他为了挽回损失，重新整理各种资料，绘制范画，并满怀激情创作了《蜀江之晨》《早春初牧》《月下步牡丹畦》等讴歌欣欣向荣的祖国，表达他热爱祖国、心情舒畅的国画佳作。

李际科教育学生"画复杂的事物应概括些，画简单的事物要丰富些"，看似平淡的话，其实充满哲理，让学生受益一生。在学生们眼里，这个爱马画马艺术造诣极高的老师既严肃又亲切。李际科先生曾经的学生、西南大学美术学院的方凤富教授深情地说："世上大凡工于书画者多矣，而画可品、人可风、德可师者却一如晨星，因其少而更夺其目，让世人高山仰止。李际科先生在我们这些后学眼里，就是这样一位画可品、人可风、德可师的教授。"①"记得第一次上工笔花鸟课，一位瘦高的老师走进教室，我们知道他就是以画马名世的李际科先生。教室里寒意袭人，先生将他的工笔花鸟示范画——一幅工笔重彩牡丹往黑板上一挂，教室里也似乎明丽了许多。先生

① 方凤富.踏花归去马蹄香[M]//傅本娴.李际科传.银川：宁夏人民出版社，2010：271.

的示范画美轮美奂，超凡脱俗，富丽堂皇而又韵味十足，我们都被迷住了。”[①]

## 风格独标，花鸟山水竞风流

李际科热爱生活，热爱大自然，热爱艺术，其绘画题材多姿多彩，涉及广泛。人们所熟知的是他的以马为代表的工笔花鸟画，至于他笔下的工笔山水、人物就少为人知了。他的写意作品不多，却极尽狂狷奔放之美；而作为绘画之余绪操刀培养出来的治印技艺就更为外人所少知了。如果不是那段与恩师潘天寿的“寿康宁”故事，有谁会记住他那炉火纯青的治印功夫呢？

在中国画的创作立场上，李际科坚持自己的写实取向，致力于浪漫主义与现实主义的完美结合，在题材、形式、命题的选择中努力寻求绘画语言的质感和美感，不断推出国画佳作。

李际科对马几近痴迷，对马的独特理解，成就了李际科先生画马的独特风格。有关马的题材在他的传世作品中占据了相当的分量。他笔下的马，是健与美的象征，它们卓尔不群，潇洒不拘，骨力劲健，一往无前，不仅能给人以视觉美的享受，更给人心灵以奋发向上有所作为的激荡。李际科先生通过画马，寄托了自己的人生志向，并努力从中完成人格品性的塑造。

这里撷取一些专家学者的简要述评，以此说明李际科在以马为题材的创作上的特点。

美籍华人作家、评论家刘沧浪先生对李际科青年时期创作的《七骏图》十分赞赏，有如此评价：

> 有西洋画的景深（Depth of field），有国画的墨色，看得出有西画的技巧，糅合国画的水墨效果。作者原是24岁的青年，洋溢着英姿才气，画出这样有气派奔放的马群。这是纯为艺术而艺术的极

① 方凤富.踏花归去马蹄香[M]//傅本娴.李际科传.银川：宁夏人民出版社，2010：271.

品，若择一幅画作来代表李际科的作品，仅这一幅便已可传世。①

创作于1982年的《骏发》是李际科白描作品中难得的佳作。该画没有上色，纯粹白描，其构图洗练，线条如行云流水般流畅，马的前蹄腾空而起，骏发风扬，卓然不群，潇洒不拘，让人心灵激荡，生发出奋发向上的动力。深谙书画三昧的徐无闻教授对《骏发》激赏有加：

> 至如《骏发》，更是一空依傍，命意构图，自出心裁。加以劲健明快而富于变化的线条，就把那种昂扬奋发，所向无敌的气概表现得淋漓尽致了。②

谈李际科先生的传世作品，不能不提到被中国美术馆收藏的《早春初牧》。

1976年春末，李际科到阿坝草原体验生活，看到广阔无垠的草原坦荡如砥，万马奔驰，牦牛成群，残雪渐消，新草吐绿，一派早春景象。先生触景生情，激动不已，萌生了表现草原现实生活的强烈愿望。他站在零下十几（摄氏）度的凛冽寒风中只顾写生，忘了寒冷，忘了保护冷得抽搐剧痛的双腿。返校后，李际科在双腿已冻伤化脓的情况下，仍以最大的热情和超人的毅力创作完成了这幅巨作。《早春初牧》受到画界高度推崇。美术评论家徐培晨评介《早春初牧》，认为该作品"不同于宋元画马的轻柔单薄，更有别于郎士（世）宁的西画气息过重，而是在汲古与创新的道路上有了新的巨大建树，自成一格。画面厚重、浓丽、丰富、热烈、奔放，有着相当高的艺术造诣和强烈的时代精神……达到了时代的空前水平，堪称独步当代的工笔画杰作"③。

"好马成癖"的李际科，对花、鸟、人物题材入画的探索也是痴迷不已。

---

① 刘沧浪.浅谈李际科五幅早期马画[M]//傅本娴.李际科传.银川：宁夏人民出版社，2010：287.

② 徐无闻.序[M]//李际科.李际科国画选.成都：四川美术出版社，1987：序2.

③ 徐培晨.花香鸟语皆妙笔 万马齐喑入画图——谈李际科先生的艺术[M]//李际科.李际科画集.天津：天津人民美术出版社，2005：2.

他对鸟进行了长期、深入、细致、精心的观察和研究，精心编绘《鸟谱》用于指导学生绘画；创作的长卷《百栖图》《百鸟图》等佳作，显示出其独特的个性和强烈的艺术感染力，把中国传统工笔画的表现力提高到空前的水平。李际科数易其稿，创作的反映川江今昔变化的工笔重彩《蜀江之晨》，则可视为其工笔山水画的代表作。为了这幅作品，李际科穿上救生衣去川江航道写生，他穿行于水急滩险的长江三峡，目击险滩航标、激浪航船、江鸥翔集、曙色初染。他从长江三峡的晨光美景中提炼出画的意境，《蜀江之晨》由是诞生。

1979年，李际科创作了《月下步牡丹畦》，一改历代画风和日丽下牡丹的俗套，将牡丹置于月光之下来表现。徐无闻教授认为，牡丹这个传统题材，在历代画家笔下已是尽态极妍，若要别开生面，确乎甚难，而李际科却能另辟蹊径。他这样评论此画：

> 他（李际科）从生活中获得灵感，别开生面，画出沐浴在银辉中的牡丹。富有创造性的技法，表现出清新恬静的美的意境，比寻常风和日丽下的牡丹还要动人。这生动地证明了传统题材能够创新，创新的源泉在于生活。[①]

1994年，李际科先生身体已经十分羸弱，在患白内障、视力大减的情况下，他以顽强的毅力，完成了表现少陵诗意的工笔重彩画《九骏图》。从24岁画《七骏图》到77岁画《九骏图》，五十余年的时空阻隔没有丝毫减少李际科先生对马的一往情深，只是77岁创作的《九骏图》，较之过去画的马，更加苍劲，更具生活气息和时代感——这是李际科先生最后一幅以马为题材的作品。

1995年，李际科先生逝世。记忆的青石板上，马蹄声远；而先生留下的以马为题材的作品，以其灿烂的艺术光芒，永远让人惊艳。

---

① 徐无闻．序［M］//李际科．李际科国画选．成都：四川美术出版社，1987：序2.

# 李育农：育农一生硕果香

周志钦

李育农

李育农(1921—2006)，男，云南昭通人。1942年毕业于浙江大学农学院园艺系，1953年从云南大学调至西南农学院任教。先后任西南农学院园艺系果树研究室主任、园艺系主任，兼任四川省园艺学会理事长、重庆市园艺学会理事长等。主要讲授果树栽培学、果树研究法、果树种质资源研究等课程。编著有《苹果属植物种质资源研究》，参与编写的著作有《中国果树志·苹果卷》《苹果学》等。

人如其名，李育农一辈子和果树打交道，为农业科研和果农的增收致富奉献了一生。

1921年11月，李育农出生于云南昭通。昭通郊区果树繁多，少年李育农在果香里长大。上初中时，他在校长那里看到一本书，扉页上孙文的题词“穷理于事物始生之处，研几于心意初动之时”，给他留下了深刻印象。在李育农幼小的心里，有果树的萌芽。

1936年，李育农考入四川华西大学化学系，一年后改考浙江大学园艺系。1938年，李育农赴广西宜山，就读于浙江大学园艺系。1942年，李育农从贵州湄潭浙江大学园艺系毕业。毕业后回到云南昭通省立中学任教。1943年，受吴镜漪先生委托，李育农协助其培养西洋苹果嫁接苗，在昭通西区洒渔河建立苹果园。1945年，抗日战争胜利后，李育农到昆明昆华中学执教。1947年加入中国共产党，同时在呈贡县(今昆明呈贡区)办农场种植苹果，掩护地下党工作。1946至1949年期间，李育农与先后在云南大学任教的知名学者秦仁昌、曾勉、俞德浚及在中国科学院昆明植物研究所任职的蔡希陶等交往较密，在学术上受益良多。1949年中华人民共和国成立后，李育农到云南大学农学院园艺系任教，1953年调到重庆北碚西南农学院园艺系任教。1954至1956年，李育农通过指导学生生产实习，协助北碚西山坪新生农场建立了山地果园，发展苹果、梨、桃和葡萄种植。1957年，李育农到北京农业大学全国果树教师进修班进修，并到河北、山东、辽宁三省的果树产区考察，采集了果树资源标本带回四川，为以后进行果树种质资源研究打下了基础。

1973年开始，李育农主持四川省园艺学会及重庆市园艺学会的工作，并协助四川省越西县规划建立苹果外贸商品基地。20世纪80年代，李育农在当时的四川省农牧厅的组织下，联合四川省有关区县150余人次，进行了四川苹果资源调查。他先后主持完成了“苹果和苹果属植物起源演化的研究”“世界苹果属植物的多型性特征和种质特性研究”等科研项目，编著有《苹果属植物种质资源研究》（中国农业出版社2001年出版），参与编写了《中国果树栽培学》（农业出版社1960年出版）、《中国果树志·苹果卷》（中国林业出版社、中国农业科技出版社1999年出版）、《苹果学》（中国农业出版社1999年出版）等，多次赴国外考察交流，为苹果属植物种质资源研究作出了重要贡献。

## 探索山地果园规划设计新方法

20世纪60年代，在国家“果树上山，不与粮棉争地”方针指引下，李育农通过多次大面积山地果园的规划设计，积累了丰富的经验，提出了山地果园规划设计的新方法。他认为，山地果园大面积的规划设计必须从其特点出发，按照集流区来划分小区。在一个集流区内，土壤、气候和水分、肥力都具有自身分布的规律。制订规划时首先必须认识集流区的分水线和集水线之所在。纵贯上下的主路必须设在分水线上；排洪沟必须设在集水线上；横坡路必须设在等高线上;梯田背沟的比降必须倾向排洪沟。一切排灌设计、水土保持措施和种植计划都须遵照这一基本原理。

李育农提出的山地果园规划原理和方法不但适用于山地果园的规划设计,也适用于茶园或其他作物进行山地种植的规划设计。1958年,他为中国农业科学院主编的《中国果树栽培学》等撰写的“果园建立”章,使果园建立成为果树栽培学中的组成部分。

## 试验推广苹果计划密植技术

1973—1978年,四川西部茂汶(今四川茂县)、小金等县所产优质苹果虽在全国评比中连年夺冠,但与国外相比,在质量、产量方面都存在差距。当时听说英国朗艾斯顿试验站苹果矮化密植的草地果园增产迅速,由于缺少矮化密植的矮砧,于是国内兴起了乔砧密植的风潮,各地争相仿效,出现了苹果栽培密度越大越好的偏见。

李育农组织四川省园艺学会会员在四川南江、越西、雅安、南充等地开展苹果乔砧密植试验,两三年后产量大起大落,采用国内外各项控冠技术,收效甚微。实践表明,乔砧密植不可行。

在总结各地乔砧密植失败的教训后,李育农1978年撰写了《苹果矮化密植的理论与实践》一文,肯定了日本计划密植、乔矮混植等先密后稀的先进经验,在四川省园艺学会学术年会上交流。他在其后的文章中阐明了计划密植的优点,既可经济利用土地,又可早日收回投资,兼有密植与稀植之长,有利于果树单位面积的高产稳产。他还系统介绍了计划密植、乔矮混植的特点与栽植设计,同时在各地寻找苹果矮化砧,开展计划密植的示范试验。试验初见成效时,他积极组织现场参观,对推广计划密植起到了指导作用。

## 论证苹果属植物起源演化　提出简化分类方案

1988—1992年，李育农在主持“苹果和苹果属植物的起源演化的研究”项目时，通过对新疆伊宁、霍城、新源等地进行新疆野苹果［塞威氏苹果，*Malus. sieversii*（Ledeb.）Roem.］的自然分布区及其栽培类型考察后，认为中国苹果（柰、绵苹果）起源于新疆野苹果。对此，李育农通过考察提出了八条证据。

第一，中国新疆伊犁地区20世纪初尚有0.67万公顷自然分布的新疆野苹果，密集区为新源、霍城、巩留及伊宁等地。

第二，新疆野苹果形态上的多型性达40余种，伊犁地区是一个野苹果的多型性中心。

第三，新疆野苹果的根、茎、叶、花、果、实同名器官的形态特征具有柰（绵苹果）的全部特征。

第四，两千多年前，汉代司马相如的《上林赋》中即有柰的记载，以后历代古农书皆有关于柰的论述。

第五，在新疆新源、霍城等地尚有绵苹果的过渡性栽培种，如霍城冬白果等10余种栽培类型。

第六，绵苹果和新疆野苹果的染色体都是二倍体（2n=2x=34），没有发现多倍体，是比较原始的种。

第七，绵苹果和新疆野苹果的孢粉皆近圆球形，形态特征相同，但P／E值不同，前者小于后者，后者更为原始。

第八，两个种的过氧化物酶同工酶酶谱基本一致，主要谱带等位，比较简单。

中国有人认为，“柰”一名“苹婆”，是由西方传入中国的。其实，“苹婆”之名始见于晋代《广志》一书，迟于前汉《上林赋》五百到六百年，故柰不是来自西方而是起源于中国的。“苹婆”仅仅是一个品种之名，今河北等省有之。

1992年，李育农访问苏联瓦维诺夫植物研究所，考察了西洋苹果栽培种的祖先种。他赞同学者波诺马连科（Ponomareko V.）的观点，认为西洋苹果起源于中亚的塞威氏苹果。对此，李育农也提出了八条证据。

第一，中亚的帕米尔山脉、兴都库什山脉和天山山脉有塞威氏苹果12万公顷的自然分布区。其密集区主要在吉尔吉斯斯坦与哈萨克斯坦之间，次及乌兹别克斯坦及土库曼斯坦等山区。

第二，这些地方塞威氏苹果的类型多达数十种，是西洋苹果的起源中心。

第三，塞威氏苹果具有西洋苹果的全部特征，与中国苹果不同的是，西洋苹果还具有高加索的东方苹果（*M. orientalis* Uglitzk.）和起源于东欧的森林苹果（*M. sylvestris* Mill.）的特征。

第四，公元前4世纪，古希腊即有栽培苹果的记载，欧洲在地中海边还发现了炭化苹果。

第五，在中亚、高加索和东欧至今尚有较多过渡性栽培种，多为塞威氏苹果、东方苹果和森林苹果杂交的基因综合体。

第六，西洋苹果品种的染色体有多倍体，种质较中国苹果（柰）更复杂。

第七，西洋苹果的孢粉与塞威氏苹果、东方苹果和森林苹果孢粉的形态特征相似，皆近圆球形，但前者的P / E值小于后者。

第八，西洋苹果的过氧化物酶同工酶酶谱较中国苹果更复杂，除具有塞威氏苹果的全部谱带外，尚有其他谱带出现。东方苹果的酶谱与塞威氏苹果相似，森林苹果的酶谱较东方苹果稍复杂一些。

以上有关论证已编入《中国果树志·苹果卷》和《苹果学》等书中。

关于苹果属植物野生种的起源演化问题，李育农认为，苹果属最原始的祖先种是多胜海棠组（*Docyniopsis Schneid.*）中的多梅海棠[台湾林檎，*Malus doumeri*（Bois.） Chev.]之类。第三纪气候条件下，地球上现在的北温带，曾经出现过热带和亚热带气候，同一纬向地带都长有多胜海棠组植物。第三纪后气候变冷，它们在不同的地理位置，适应季节气候明显不同的环境条件，逐步演化为今日所见的多种多样的苹果属植物。这些植物在亚洲分布很多，中国西南分布的数目最多，形成了苹果属植物的次级遗传多样性中心。在巴尔干半岛及日本，现在还有类似多胜海棠组的残遗树种。而在中国云南南部、广西、广东、福建、台湾及越南和老挝的北部（现在的亚热带地区），生长着的多梅海棠（台湾林檎、老挝林檎等）仍保持着原有形态。因此，苹果属植物的祖先种虽然相同，但现在北温带多样化的苹果属植物是从不同地区原有的多胜海棠组就地演化形成的，而不是像有的学者所认为的多胜海棠组“在喜马拉雅山一地分化形成不同的种类，再传播到世界各地，形成许多分支”，所以不能将中国西南的原川滇古陆地带当成苹果属植物的起源中心。李育农认为，川滇古陆是苹果属植物一个次级遗传多样化的大基因中心，在同一纬向地带的许多国家中，尚有不少苹果属植物的特有种是直接从当地原有的多胜海棠组演化形成的。该论文于1994年获得苏联瓦维洛夫植物研究院建院一百周年纪念最高学术委员会的奖状和奖章。

李育农在从事苹果属植物种的多型性和种质特性研究中，深感苹果属植物种数繁多，给应用研究带来一定困难。关于种数繁多的原因，他认为一是过去的学者从林奈（C. Linné）到芮德（A. Rehder）在本属植物的分类中都是将栽培种和野生种并列，导致苹果属植物种的数目膨胀，二是一些学者将不具备种的条件的类型也给予了种名，甚至是同物异名，致使种数不断增加。李育农认为，栽培种在自然分类系统中占有种的地位是不恰当的，因为在生态上栽培种没有自然分布区，在形态上栽培种没有模式标本可凭。栽培种是以品种群的形式存在的，只能根据经济性状进行园艺分类。栽培种的祖先种在自然分类中已占有位置，栽培种只能在园艺分类中去寻找地位。

李育农按照种的多型性原则，将前人已评定为种而实际上只有连续变异、没有间断变异的许多类型，归入已定过亚种、变种或类型等不同等级名称的相关主要种之下，保持原定名人的名字。他采取将栽培种与野生种分开和归并类型的原则,在保留属的演化顺序的原则下,将世界苹果属植物的野生种分为6组、8系、27种、6亚种、14个变种和3个变型,将8个栽培种从自然分类谱系中移到园艺分类系统中。这就使得世界苹果属植物分类系统面目一新。其相关论文《现代世界苹果属植物分类新体系刍议》在《果树科学》上发表后,1996年11月,李育农应美国康奈尔大学邀请,出席了学术年会,并在会上宣读了该论文,受到会议主席及同行重视。李育农主持的"苹果和苹果属植物的起源演化及种的多型性特征和种质特性研究"1998年获教育部科学技术进步奖二等奖。

## 教书育人　务实求真

李育农不仅潜心做学问、搞科研,还用心用情教书育人。

在多年的教学工作中,不论是给本科生上课还是给研究生上课,他都要布置课外作业。他认为,课外作业有助于学生多看参考书,扩大知识面。因此,学生上他的课都感到作业多,但又觉得受益良多。在生产实习时,他强调要完成生产定额。在果树栽培实习中,不论是嫁接、修剪果树,还是上山栽植果树,他都给学生规定任务,没有做够他给的定额不能及格。指导毕业论文,他要求实验结果一定要有原始记录,交论文报告时一定要交实验记录。李育农的书柜中一直保存着许多本科生和研究生毕业论文的相关原始实验记录。中青年教师参加他主持的科研项目,必须先交计划,然后跟他签订合同。一次,一个青年教师要求观察苹果属植物花器的某些形态特征,李育农要该教师签字。该教师说:"老师还信不过我?"他说:"观察一次我信得过,但一次观察材料不系统,得出的结论价值不大,要系统观察,没有连续三年的时间不行,因此要签合同。"

李育农坚持高标准、严要求、讲求实效、寸步不让的原则和务实求真的风范,使学生深受教育。

李育农坚持因材施教。如，讲栽培学总要组织现场课，还将基础课教师请到现场，与专业课教师配合，开展现场会诊和综合教学，效果很好。这样的方法又被他用于省、市园艺学会的果树修剪和示范操作现场会，会员们现场讨论热烈，都表示很有收获。

晚年的李育农精神矍铄，除继续与国外同行合作编写专著外，还风雨无阻，二十年如一日地精心管理世界苹果属植物种质材料圃和定植园，支持国内外同行前来索取材料，进行试验研究。

作为前辈，李育农总希望后来者居上，青出于蓝而胜于蓝。

# 李隆术：著名螨类学专家①

杨程程

李隆术

李隆术（1920—2015），男，四川安岳人。1937年考入四川大学农学院植物病虫害学系。1942年考入金陵大学研究院，1944年于金陵大学研究院昆虫学专业毕业，获理学硕士学位。曾先后在四川大学、华西大学任教。1952年调入西南农学院，任植物保护系主任、西南农学院科协主席、中国植物保护学会副理事长、四川省植物保护学会理事长等职。长期从事仓库害虫、农业螨类、水稻害虫等研究，在国内外发表学术论文140余篇。编写专著《仓库害虫及其防治》（与曾省合作）、《储藏物昆虫学》（与朱文炳合作）、《蜱螨学》（与李云瑞合作）等9部。

李隆术，出生于四川省安岳县一个富裕的地主家庭。祖父是位中医，父亲兄弟三人，都读过私塾。父亲8岁时，李隆术的祖父母相继去世，后来二伯父也去世了，整个家庭就由大伯父、大伯母照看。大伯父经营土布生意，与亲戚族人搭伙，在成都西顺城街开布店。从安岳乡间购买土布，由人力挑运到成都零售，后因川军内战影响而蚀本，生意遂告结束。1931年，大伯父因病去世，父亲便接手管家，开始经营酱园生意，积累家中财产。除了祖父留下的十余亩土地外，父亲利用整顿生意、邀会及借贷等方式，几年间添购土地190余亩。1940年左右，大伯母与父亲分家，李隆术家中分得90余亩土地，家庭生活一直比较宽裕。

① 本文主要资料来源于西南大学档案馆馆藏李隆术的人事档案。李隆术《干部档案》正本，编号03-TX0712-111，其中是李隆术先生在各个时期所填写的表格、履历、个人历史自述以及其他有关调查资料等文档。文中凡采自档案材料者，不再出注。

李隆术从小被父亲严加管教，连在外面玩耍跳闹都不允许。父亲常常勉励他努力读书，光宗耀祖；母亲也常叮嘱他专心读书。所以李隆术养成了一心只读圣贤书，不甚关心时事的性格。他小学就读于本乡福音堂小学。因为家中有亲戚在成都，李隆术11岁时便离开家乡，被送往成都求学。1937年从成都成公中学高中部毕业后，考入四川大学植物病虫害学系。1941年毕业后留校做助教，同时去金陵大学听课进修，1942年考入金陵大学研究院。在金陵大学期间，获得美国洛氏基金会资助，做昆虫专题研究。为探索床虱的生物学规律，他用自己的血饲养观察了两年，获得了床虱完整的生活史和习性等资料，提出防治措施，并予以推广。1944年，李隆术完成研究生论文，获金陵大学研究院理学硕士学位。毕业后，李隆术应聘到四川大学农学院担任讲师，1947年任副教授，并在华西大学理学院兼课。1952年院系调整，李隆术被调到西南农学院。

李隆术主要从事储粮昆虫和螨类区系、粮堆生态系统、柑橘螨类及其防治、马铃薯块茎蛾、柑橘花蕾蛆和水稻螟虫等方面的研究，在农螨和仓库害虫研究方面造诣精深，是国内外知名专家。他多次以中国代表团团长、学术顾问、国际学术会议组织委员以及学科组主持人等身份，去美国、英国、加拿大、澳大利亚等国出席国际学术会议或进行学术访问考察，与10余个国家的同行建立了交换资料、接待来访、合作研究和合作培养博士生等学术联系。李隆术先后主持国家自然科学基金项目3项，参加2项；主持国家教委（今教育部）博士点专项基金项目3项；主持农业部（今农业农村部）和商业部（今商务部）"七五"规划项目各1项，参加1项；主持四川省科委（今四川省科学技术厅）重点项目2项；主持四川省农业厅（今四川省农业农村厅）重点项目1项。在国内外单独或与他人合作发表学术论文140余篇，独立撰写或与他人合作编写了《仓库害虫及其防治》（与曾省合作）、《储藏物昆虫学》（与朱文炳合作）、《蜱螨学》（与李云瑞合作）等9部专著。获农业部、四川省科技奖多项。曾获"全国农业劳动模范""农业部优秀教师""四川省优秀教师"

"四川省教育劳动模范"等光荣称号,并获得国家教委授予的金马奖和四川省政府授予的青铜马奖。

## 仓库害虫研究

李隆术从20世纪40年代起就从事仓库害虫研究。每每看到有的粮仓因虫霉为害,整仓粮食成为废品,他就很痛心,决心进行仓库害虫防治研究。他跑遍了成都和附近县乡的储粮仓库、水碾坊、面粉厂和中药材仓库等,调查害虫发生的情况,并在实验室进行仓库主要害虫生物学和防治研究,参加防治实践。新中国成立后,政府重视储粮工作,举办了多期仓库害虫防治人员培训班,他应邀为学员讲课并带实习,在培训人才、帮助建立基层粮仓管理技术体系中作出了贡献。他还长期为各地储粮部门做技术咨询工作,深受储粮部门的欢迎。

李隆术一直重视仓库害虫区系调查。随着生产的发展,特别是改革开放以后,粮食调运频繁,仓库害虫发生规律和分布范围变化很大。他多次建议有关部门进一步开展仓库害虫普查工作,并应邀担任全国仓库害虫和检疫性昆虫普查的顾问,以后又担任云南、四川、西藏等省区仓库害虫普查的顾问。他不辞辛劳,指导各省区制订调查计划,为调查人员讲课,解决调查中的疑难问题,并亲自主持或参加调查、总结、鉴定等工作。在前人调查资料基础上,基本弄清了中国仓库害虫和检疫性昆虫的概况,为储粮和植物检疫部门提供了科学资料。

李隆术在仓库和实验室对玉米象、谷蠹等10余种仓库害虫的生物生态学进行研究,积累了主要仓库害虫的生物和生态学资料,为创立中国的仓库害虫生态学打下了基础。20世纪70年代末,李隆术在国内首次提出粮堆生态系统的观点和方法,是粮堆生态系统的奠基人。他认为,粮堆是一个由多种生物和非生物有机组合、相互联系、具有一定功能的封闭型生态系统,必须全面研究系统内矛盾的各个方面及其联系，包括粮堆内生物群落（虫、螨、霉等）的一般结构、数量特征和分类，它们与其他因子的相互关系，系统的物质转换和能量流动规律等。通过综合分析、协调管理，才能控制粮堆向有利的方向发展，这是制定储粮保护措施的理论依据。李隆术多次在全国储粮学术讨论会上作专题报告，阐述粮堆生态系统的观点、原理、研究方法及应用，引起了储粮部门的重视。他的观点和方法对湖南、辽宁、江苏、四川等省粮食部门进行实地研究，解决粮面结雾，建立粮仓管理系统，预测粮堆质变，控制虫霉发展以及仓型设计等起到了指导作用。1985年，西南农业大学与商业部成都储粮科研所的科技人员合作，建立仓虫生态研究室，在李隆术的指导下，进一步研究仓库害虫种群生态和测报。通过一系列模拟试验，组建了各种关系的数学模型，在实仓进行测报验证并取得丰硕成果。

李隆术还在仓库螨类气调生物学方面做了开拓性研究。从1990年起，他带领研究生开展仓库害虫气调生物学与控制仓库害虫对气调抗性的研究，对玉米象、谷蠹、杂拟谷盗和腐食酪螨与气调的关系等做了系统研究。经过多代筛选，在国内首次发现仓库害虫对低氧的抗性呈增加趋势。经过诱导腐食酪螨26代以上，发现腐食酪螨对气调的抗性水平明显提高，随着诱导代数增加，抗性提高水平又逐渐减缓。在非气调环境下，抗性可能丧失50%左右；用植物性农药（薰衣草油）防治腐食酪螨受气调和温度的影响；在一定温度下，高二氧化碳和低氧能促进植物性农药的防治效果。这些研究结果在保护储粮的工作中发挥了很大作用。

## 开拓农业螨类生态研究新路

李隆术对水稻、柑橘、蔬菜、茶叶、食品、储粮等螨类进行了研究，为螨类区系、种群变动、经济阈值和综合治理等研究做了大量工作。他首次将生态位理论用于生物防治，提出多因子动态经济阈值和害螨综合防治决策支持系统软件等创新成果，为测报和治理螨类奠定了基础。他还研究储粮和食品螨类区系以及巨须螨、甲螨和水螨等类群的分类,鉴定发表2新亚科、5新属、52新种、45个中国新记录,填补了我国农业螨类分类研究的空白。

1960年,李隆术主持了“全国柑橘螨类发生规律和防治研究”课题,对柑橘全爪螨和柑橘始叶螨的种群生态学和防治进行研究。但由于特殊年代原因,此课题被迫中断。1980年,该课题得到自然科学基金资助重新启动,李隆术带领教师和研究生从橘园生态系统出发,在四川33个县和校内实验室对柑橘螨类、昆虫及其天敌的区系、种群变动、经济阈值、综合防治等做了大量研究,进行了模拟试验,组建了各种数学模型,为测报和防治奠定了基础。这项技术在四川100余万亩柑橘园推广,取得经济效益1亿元以上。

李隆术开辟了柑橘昆虫和螨类群落生态学的研究领域。1985年起,他指导研究生在大面积柑橘产区定点调查,初步弄清了四川柑橘园昆虫和螨类群落的组成及食物网结构,群落的发展、演替规律以及主要昆虫、螨类与天敌系统的相互关系,为橘园害虫和螨类的综合治理提供了理论依据。他用相互平均法,将橘园昆虫和螨类群落划分为树冠外上层和内下层两个亚群落,其物种组成、数量与环境、树势等密切相关;用最优分割法分析群落的时间格局,把一年分为四个时期,根据各期环境变化及群落结构的不同特征和演替规律,提出不同阶段的防治策略。还对14种吸汁性害虫和螨类的时间、空间、营养生态位进行了研究,把三维生态位重叠值与聚类分析结合起来,提出了竞争群的概念及划分竞争群的方法,为探讨多物种群落对资源的利用和种间竞争关系开拓了新的研究方向。

李隆术综合研究了柑橘叶螨的空间、时间、数量动态。他考虑到螨类个体微小、计数困难的特点,曾进行螨类密度估计和抽样策略研究。应用蒙特卡洛(Monte Carlo)模拟技术,通过1980—1984年在四川大面积柑橘产区调查和室内一系列试验以及计算机模拟,对日本、美国的生态学者提出的序贯抽样理论模型进行评价,提出了在种群密度估计中当总体呈负二项分布时,运用零频率法的理论抽样数公式和二阶抽样中引入Taylor参数后的理论抽样数公式，在国内首次为基层植保工作者设计了用于指导实际防治的抽样调查表、最佳抽样法和螨类密度简易估计法，为害虫调查工作节省了1/3的人力。

李隆术还结合其治螨研究，探索出水稻褐鞘病防治的新途径。水稻褐鞘病是20世纪70—80年代威胁中国南方稻区水稻生产的一个严峻问题。自1982年起，李隆术带领其科研组与四川省农业厅植保站合作，对该病发生及传播途径做了详细研究，发现在四川该病的病源是稻叶褐腐败病菌，在国内外首次证明稻叶上活动的一种螨类——鼷鼠跗线螨（中国新记录种），而且是携带和传播该病菌的主要种类，与其他地区报道的种完全不同。李隆术等根据这一研究，用杀菌剂和杀螨剂适时配合施用的方法，在四川万县（今重庆万州区）、绵竹、温江、北碚（今重庆北碚区）等地稻田中推广，收到明显防治效果。

## 根深育叶茂

李隆术从教五十余年，先后在四川大学、华西大学和西南农业大学担任本科生、硕士研究生、博士研究生的昆虫分类学、昆虫生理学、昆虫生态学、农业昆虫学、仓库昆虫学、害虫防治学等课程教学，培养了大批植物保护专业高级技术人才，也组建了一支结构合理的高水平学术梯队。

调到西南农学院后，他创建了植物保护专业，出任植保系首任主任，克服艰难条件，亲自动手，参与设计新建教学楼，装备实验室，购置图书资料等。后来还兼任学校科研部主任、科协主席，为学校科研工作和科技服务社会作出了积极贡献。

1978年，李隆术招收了他的第一批研究生，年龄最大的39岁，最小的也已31岁。报到第二天，李隆术就领着弟子们到图书馆，介绍当今世界科学发展的潮流和植保科学的发展动态，随后又带他们到自己的办公室，拿出自己最珍贵的资料，详细讲述自己正在进行、准备进行研究的课题内容、研究路线及研究方法,希望尽快把弟子们引到世界科技前沿,担起承上启下的重任,开拓新的研究领域。李隆术同指导小组的王辅副教授、朱文炳副教授一起,取长补短,因材施教,全面分析了每一个研究生的长处和不足,指导他们各自选择一个研究方向。每一个研究生沿着各自选定的研究方向艰难地开拓着。李隆术也暂时放下从事研究多年、早已驾轻就熟的研究方向,悉心指导研究生,和他们一起开拓新的研究领域。只要学生有疑难问题找到他,他总是立即放下手中的工作为学生答疑解难。几位研究生也没有辜负李隆术的期望与教诲,写出了优秀的毕业论文,并迅速成长起来,成为教学、科研的骨干。

随后,李隆术开始招收博士研究生。他培养的学生数量多,质量高,逐渐形成了一支思想活跃、勇于创新的学术队伍。他认为,好的学术梯队,应由高素质、多层次的教职员合理搭配构成,既有利于团结协作,又有利于个人独创进取。在培养研究生的过程中,其梯队成员分工合作,分别落实指导研究生的任务;在学术上,李隆术对梯队成员和研究生的新设想、新创见予以肯定与支持,使梯队形成了一种勇于探索、求实创新、宽松自由的学术气氛。

在学生眼里,李隆术既是一位严师,又是一位慈祥的长者。他对学生要求严格,鼓励他们在任何情况下都要以事业为重,要有信心和毅力,谦逊为人,坚持不懈地刻苦攻关。他视名利如草芥,学生写学术论文和专著时把他的名字署在第一,他看到后总是提笔删去,或勾画到后面,或放在题注中,或改为审阅,并多次对学生说不要挂自己的名字。生活中,他诚挚待人,关心、体贴他人。学生的母亲生病,他不仅去看望,还亲自找保姆去医院护理。李隆术不仅赢得了学生们的敬爱,其言传身教也深深地影响了一批批学生。

李隆术一生以“立志、刻苦、求实”为座右铭,勤于探索、治学严谨、诲人不倦。他高尚的品德,坦荡无私的胸怀,言传身教的作风,在后继者心中留下了不可磨灭的光辉印记。

# 李源澄：久被沉埋的学术名家

徐适端

李源澄（1909—1958），男，四川犍为人。1930年毕业于四川大学中国文学院。曾师从廖季平、章太炎等人学习经学、史学、宋明理学和历算阴阳五行。1931—1950年间，先后在四川大学、浙江大学、云南大学、勉仁文学院、四川省立教育学院等校任教。1950年8月起，担任西南师范学院教授。主讲中国通史、中国学术思想史、中国文化史、国文、经学通论等，著有《诸子概论》《经学通论》《秦汉史》等著作。

李源澄

一个偶然的机会，得见台湾“中研院”中国文哲研究所出版的《李源澄著作集》（由台湾“中研院”中国文哲研究所研究员林庆彰、蒋秋华主编，“中研院”中国文哲研究所2008年11月出版），厚厚的四大册，计2100页，内容之丰富令人震撼。该书称李源澄是近代相当重要的学术思想史专家，因其重要的学术贡献，而将其著作结集整理出版。这位“近代相当重要的学术思想史专家”原来就是西南师范学院副教务长、历史系教授、重庆市政协委员、民盟西南师范学院支部主任委员李源澄先生。

## 师从名家，四方游学

李源澄先生，字浚清，又作俊卿。1909年生于四川省犍为县。他自幼聪颖好学，1921年考入近代著名国学大师赵熙主持的荣县中学，在校期间学习成绩优异，“试辄高等”。1927年，李源澄先生考入公立四川大学中国文学院，师从现代杰出的历史学家、经学大师蒙文通[①]先生攻研经学。蒙文通先

① 蒙文通（1894—1968），原名尔达，四川盐亭人。中国历史学家。著有《孔氏古文说》《中国禅学考》等。

生师承经学大师廖季平[①]和佛学大师欧阳竟无[②],与汤用彤、钱穆同被当时学林誉为“岁寒三友”,他对李源澄先生一生的学术思想产生了重要的影响。正如李源澄先生所言:“我在学校里是专治经学,教师中对我影响最大的是蒙文通先生。”而蒙先生亦非常喜爱与欣赏源澄先生的人品和才华,对他着意培养,并于1929年将他介绍到井研县从廖季平先生治经学,使其成为廖季平之关门弟子,而这位近代著名的经学大师也成了影响李源澄先生学术思想的第二位名师。李源澄先生在廖季平师的悉心指教下,“精熟先生三传之学,亦解言礼”[③],得窥经学堂奥,颇受老师蒙文通的赞赏。蒙文通说:“能明廖师之义而宏其传者,俊卿(李源澄)其人也”。[④]

读万卷书,行万里路。李源澄先生大学毕业后,开始出川游学。他先后在河南大学中文系从邵瑞彭[⑤]先生学习历算,在南京支那内学院师从欧阳竟无先生研习佛学,这位著名的佛教学者成了影响源澄先生一生学术思想的第三位名师。

1935年,李源澄先生三次致函章太炎先生讨论经学问题,都得到章太炎先生的回函。同年,李源澄先生受邀到章氏国学讲习会任教,一边教学一边师从章太炎先生学习史学、研讨经学,使自己“根柢于蒙文通先生,遇廖氏而深邃”的学问,“经章氏而广大”。[⑥]章氏成为对李源澄先生一生学术思想产生重要影响的第四位名师。章太炎先生去世后,源澄先生还发表了《章太炎先生学术述要》一文,概述其学术贡献以为纪念。

多方拜会名师的李源澄先生,积淀了丰厚的学问,深受当时学界名流的

---

① 廖季平(1852—1932),名平,字季平,号六译,四川井研人。中国经学家。著有《今古学考》等。

② 欧阳竟无(1871—1943),名渐,以竟无,以字行。中国佛教学者,居士。1922年创建支那内学院,任院长。著有《竟无内外学》。

③ 蒙文通.经学抉原[M].上海:上海人民出版社,2006:200.

④ 蒙文通.经学抉原[M].上海:上海人民出版社,2006:200.

⑤ 邵瑞彭(1887—1938),字次公,浙江淳安人。南社社员。历任北京师范大学、河南大学教授。

⑥ 赖高翔.李源澄传[M]//赖高翔文史杂论(下册).张学渊,校注.成都:成都市新都华兴印务公司,2004:356.

称赏。邵瑞彭先生曾评价说:“李生年少而学如百尺之塔,仰之不见其际。”[①]老辈学者、北京大学教授张孟劬[②]先生赞赏源澄先生之学“如开封铁塔,不假辅翼,直上干霄”[③];蜀地名宿林思进[④]先生则赠源澄先生诗曰“爱君经史读烂熟,推隐钩沉抉奥义”[⑤],对其才学非常推重。

但李源澄先生并不满足,他广泛拜会名师益友。例如,在南京支那内学院时,李源澄先生与欧阳渐先生的弟子、现代著名佛教学者王恩洋[⑥]先生结下终生的友情。又因为喜欢历史而与柳诒徵[⑦]、缪凤林[⑧]两先生成为朋友,柳先生佩服他“能传师门之义”[⑨]。在无锡国专任教时,则与教员钱仲联[⑩]先生相善;抗战时期,顾颉刚先生受齐鲁大学之聘到成都,李源澄先生当时居住在成都学宫,受李源澄先生之邀,顾颉刚先生借成都学宫西庑为自修地,他俩也成为好朋友。[⑪]

1939年,浙江大学西迁遵义,李源澄先生应聘任浙江大学史地系教授,次年,缪钺先生就任浙江大学中文系教授,二人成为同事,关系非常好。缪钺先生曾作诗赠李源澄,中有“识君已苦晚”之句,表达了他对李源澄的赏识。当时,浙大校长竺可桢先生还邀请他作题为《学问与学问方法之解释》的演讲(1941年1月27日)[⑫]。在众多的益友中,他与钱穆先生的关系尤为密

---

① 蒙文通.经学抉原[M].上海:上海人民出版社,2006:200.

② 张孟劬(1874—1945),名采田,一名尔田,字孟劬,浙江钱塘(今杭州)人。清末民初学者,词人。历任交通大学、北京大学、北京师范大学教授。著有《史微》等。

③ 赖高翔.李源澄传[M]//赖高翔文史杂论(下册).张学渊,校注.成都:成都市新都华兴印务公司,2004:356.

④ 林思进(1973—1953),字山腴,四川华阳(今属成都)人。曾任四川省图书馆馆长,四川大学教授。

⑤ 王川.李源澄先生年谱[M]//舒大刚.儒藏论坛.第3辑.成都:四川大学出版社,2009:280.

⑥ 王恩洋(1897—1964),字化中,四川南充人。著名佛教学者。著有《摄大乘论疏》《佛学通论》等。

⑦ 柳诒徵(1880—1956),字翼谋,江苏镇江人。中国历史学家、古文献学家。著有《中国文化史》《中国版本概说》等。

⑧ 缪凤林(1899—1959),字赞虞,浙江富阳人。中国历史学家,教育学家,学衡派代表人物之一。

⑨ 蒙文通.廖季平先生传[M]//廖幼平.廖季平年谱.成都:巴蜀书社,1985:105.

⑩ 钱仲联(1908—2003),原名萼孙,字仲联,以字行,江苏常熟人。中国古典文学学者。著有《人境庐诗草笺注》等。

⑪ 顾颉刚.顾颉刚书话[M].印永清,辑.魏得良,校.杭州:浙江人民出版社,1998:15-16.

⑫ 王川.李源澄先生年谱[M]//舒大刚.儒藏论坛.第3辑.成都:四川大学出版社,2009:271.

切,他给学生开必读书单,首先便是推荐的钱穆的《国史大纲》《先秦诸子系年》等书。

李源澄先生与中国比较文学的奠基人、红学家吴宓先生的关系更非同一般。早在1937年上半年,李源澄先生就将自己创办的学术刊物《论学》杂志寄给吴宓先生,还到北京清华园专访,两人相见“谈甚欢洽”①。此后,两人的相互联系、来往从未间断过。1949年4月29日,当吴宓先生从武汉飞往重庆时,源澄先生不仅热情迎接吴先生,还竭力荐举,将吴宓先生延聘到勉仁文学院历史系任教。重庆解放后,相辉、勉仁两私立学院相继撤销,李源澄先生又推荐吴宓先生到四川省立教育学院(亦简称“川教院”,西南大学前身之一)任教。其后四川省立教育学院与国立女子师范学院合并成立西南师范学院,吴宓先生也随学校由磁器口迁至北碚,从此两人共事于西师。

很多事情,吴宓先生总是与李源澄先生商议,倾听他的意见,吴宓先生最终未就华西大学之聘,多因李源澄先生的竭诚挽留。李源澄先生还从日常生活、教学工作乃至婚姻等多方面尽可能地给吴先生以帮助、照顾。吴宓在《日记》中评论道,“窃念澄之为学,夙为宓所钦佩”②,“宓甚佩澄知人之明,处事之宜”③。所以,当源澄先生惨遭不幸于1958年去世后,吴宓先生不顾当时的政治压力,协助处理其遗物、遗书,并主动资助其长女李知勉的生活、读书费用,直至其女工作、结婚、生子而不辍,可见他俩友谊之深厚。

此外,李源澄先生还与唐君毅、牟宗三、熊十力、汤用彤、梁漱溟、徐中舒、向达、谭其骧、方国瑜、唐文治、向楚、周辅成、谢无量、张君劢等结下了深厚的友谊。唐君毅先生还将李源澄先生与梁漱溟、钱子厚一起称为自己“平生最敬佩之师友”④。

与众多名师益友建立的良好友谊,使李源澄先生的学术视野变得十分

① 吴宓.吴宓日记.第6册:1936—1938[M].北京:生活·读书·新知三联书店,1998:148.

② 吴宓.吴宓日记续编.第3册:1958[M].北京:生活·读书·新知三联书店,2006:282.

③ 吴宓.吴宓日记续编.第1册:1949—1953[M].北京:生活·读书·新知三联书店,2006:133.

④ 唐君毅.唐君毅全集.书简[M].北京:九州出版社,2016:12.

宽阔。融通中西的学术路径、深厚的学术功底、严谨的学术态度，为他的学术研究与发展，奠定了良好基础。

## 辛勤笔耕，成果累累

李源澄先生一生好学勤思，他一边应师友之邀从事教学，一边埋头精研学术，辛勤笔耕不辍。到1949年时，才40岁的他已取得丰硕的研究成果，其中已出版的学术专著有《经学通论》《秦汉史》《诸子概论》《李源澄学术论著初编》等，未出版的书稿有《诸子论文集》《丧服经传补注》《公羊通释》《魏晋南北朝史》等4种，由于历史原因，这些书稿已荡然无存。[①]至于学术论文，已发表的有百余篇。而据蒙默先生所言，李源澄先生的论著成果，“默所见者仅略及其半”。其著述之勤勉，成果之丰厚，所涉范围之广博，均令人惊叹！

李源澄先生的《经学通论》是20世纪40年代初在四川大学讲授经学时的课堂教学笔记，内容简明扼要，集中体现了他的治经要义，其议论颇精湛独到，与时贤有所不同。如其自序所指出：“经学为中国文化之源泉。”[②]这种从文化视角考论经学的做法，已和半个多世纪后的当今学者之论相近。而他在《经学通论》及《论今古学》中，详引证据证明“西汉有今古文之异本，而无今古学”[③]，“言今古学，仅能说明汉代经学之历史，而非所论于诸经之本原也”[④]的判断最为正确。他将经文与经说分别处理，各自定位，使经学中的今古学问题日益明朗，可说是承廖氏及蒙文通师之说而又更进，是对廖学的修正。他还在《经学通论》中专门指出经学的范围性质及治经的途径：“欲知经学对吾国影响之大，当自历史中求之，亦惟于历史中求经学，始能见经学的

① 李源澄.李源澄集新编[M].成都：四川大学出版社，2015：编者序2.
② 李源澄.李源澄集新编[M].成都：四川大学出版社，2015：3.
③ 李源澄.李源澄集新编[M].成都：四川大学出版社，2015：17.
④ 李源澄.李源澄集新编[M].成都：四川大学出版社，2015：18.

意义。”[①]其话具有深刻意蕴。可见他能从廖氏的教训中受到启迪,不蹈覆辙,不走“由小学入经学,其经学可信”的入门老路。他当年提出的应用西方学术方法以研究经学而“中兴儒学”的观点,更说明他能“真正彻底、原原本本”地了解并把握西洋文化,因而“自能吸收、转化、利用、陶铸西洋文化,以开成新的儒家文化,新的民族文化”。[②]李源澄先生真不愧是经学名家、蒙文通先生的得意弟子。惜其“虽有此伟志,却生不逢辰,处非其地,宏图未展,竟赍志以殁了”[③]。

李源澄先生的《诸子概论》出版于1936年,这是他在无锡国学专门学校讲述诸子之学的研究成果,伍非百先生称赏他对诸子研究的独特之处,“以其得于六经者通诸子,寻源导窍,批吭捣虚,虽古之治方术者,不能过也”[④]。卢前亦云,“君论诸子书,钩玄提要,一归之经”“君辨百家异同,以明相用之需,斯可谓得间者矣。微君之博,莫能约,故言之碻也”。其《诸子论文集》虽佚,唐君毅先生所写序尚存,其序云,“本书之大旨……在明儒家与诸子相激相荡而归于汇通之势。论孔孟荀,以明儒学之正宗;以告子与孟子之对辩,明儒墨之争之关键;以《管子》之《心术》《内业》言道家之晚期发展而采纳儒家之处;以《管子》中之法家言,言法家之采儒。要归于说明晚周诸家之说之趋于相融会,然亦保留不失其宗”,“最见其匠心”,“论庄子之分形、心、气三境界,论商鞅则特揭出搏力杀力,皆自具只眼”,[⑤]“其抉发昔贤著述之大义,皆入乎其内而出乎其外,直言所见,而无与人絜长度短之意”,“不类时人之著”,“故得绝于以流行之西方印度之思想与中国固有学术轻相比附之病”。[⑥]可见他对诸子的研究也异于时贤,独树一帜。

李源澄先生的治学是由经而子而史的,20世纪40年代他始转而治史

① 李源澄.李源澄集新编[M].成都:四川大学出版社,2015:7.
② 李源澄.李源澄集新编[M].成都:四川大学出版社,2015:1134-1135.
③ 李源澄.李源澄集新编[M].成都:四川大学出版社,2015:1135.
④ 李源澄.李源澄集新编[M].成都:四川大学出版社,2015:171.
⑤ 李源澄.李源澄集新编[M].成都:四川大学出版社,2015:1104.
⑥ 李源澄.李源澄集新编[M].成都:四川大学出版社,2015:1104.

学。1947年出版了史学专著《秦汉史》，钱穆先生欣然为之作序，盛赞“其书则亦章氏所谓圆而神之类也”[①]，以自己非常尊崇的章学诚所认为史学研究的最高境界——“圆而神”，来推崇李源澄先生《秦汉史》研究的精深宏卓，并称赞源澄先生是“今之所谓善读史者”，其评价极高，体现了李源澄先生对秦汉史研究的贡献。《秦汉史》还被其他秦汉史学者誉为“秦汉史研究的拓荒时期”的产物。该书与其后出版的钱穆的《秦汉史》、吕思勉的《秦汉史》一样，不仅影响较大，而且对其后秦汉史之专著，如翦伯赞的《秦汉史》、马非百的《秦集史》、林剑鸣的《秦史稿》《秦汉史》等均产生了积极影响。直到源澄先生病逝后，吴宓先生还多次重读李源澄遗著《秦汉史》，“深佩其论政理及史事之明通”[②]，评价其“以政治之眼光读史，持论明通”[③]。刘又辛先生称赞其书“至今读来，仍不禁令人拍案叫绝”，称他是一位真正将“史识”与“史德”相结合的史学家，是“史林一株参天树”。

总之，李源澄先生治学是经学、史学、哲学并重，传统中国学术分经、史、子、集四部，李氏的学问已涵盖经、史、子三部，其一百多篇论文，涉及经学及经学史、哲学思想、政治及政治制度史、社会史、经济史、杂论等诸方面，其学术所涉范围颇广，所论亦颇精湛，“可知他非常博学”[④]。卢前曾极称其“相与上下议论，未尝不惊服其博洽”[⑤]。经济史学家秦佩珩先生则评价说“（李源澄）堪称为博学之士”[⑥]。在蜀学上，他继承了晚清彪炳华夏史册的刘光第、骆成骧等巴蜀人物的治学途径，以及老师廖平、蒙文通等学者的蜀学传统，且不分年龄学派，与众多学者有广泛的交游关系，因而，他的学术成果为许多学者所了解，并得到了他们的赞扬。[⑦]

---

① 李源澄.李源澄集新编[M].成都：四川大学出版社，2015：47.

② 吴宓.吴宓日记续编.第5册：1961—1962[M].北京：生活·读书·新知三联书店，2006：402.

③ 吴宓.吴宓日记续编.第5册：1961—1962[M].北京：生活·读书·新知三联书店，2006：385.

④ 李源澄.李源澄集新编[M].成都：四川大学出版社，2015：编者序2.

⑤ 李源澄.李源澄集新编[M].成都：四川大学出版社，2015：173.

⑥ 王川.李源澄先生年谱[M]//舒大刚.儒藏论坛.第3辑.成都：四川大学出版社，2009：285.

⑦ 王川.李澄源的生平事迹及其学术成就[M].舒大刚.儒藏论坛.第4辑.成都：巴蜀书社，2010：236.

## 创办学术刊物，弘扬学术精神

李源澄先生在辛勤著述的同时，还独自或与友人合作创办了不少高质量的学术刊物，以便于同人之间的学术交流。

1937年1月，李源澄先生在无锡时，就以个人在无锡国学专修学校薪资所入，创办学术刊物《论学》。在第1期上，李源澄先生除撰《发刊辞》外，还撰写了《周秦儒学史论》《新儒学派发微》两篇论文。《论学》共出版了8期，蒙文通、欧阳渐、邵瑞彭、张森楷、伍非百、唐君毅等先生均有宏文在该刊发表。

1940年3月，李源澄先生作为发起人之一的《史学季刊》创刊于成都。该刊由内迁西南各省的十多所高等学校历史系教授包括顾颉刚、徐中舒、吕思勉、朱谦之、李思纯、吴其昌、吴晗、吴天墀、周予同、彭举、闻宥、蒙文通、蒙思明、蒋天枢、钱穆、雷海宗、谭其骧、郦承铨等70余人发起创办，并以此作为筹办成立"中国史学会"的先声，共出版了两期。

1946年10月，李源澄先生创办了学术刊物《灵岩学报》，系半年刊，经费系自贡开明大盐商余述怀先生赞助，该刊除了有李源澄先生撰写的《天人合一说探源》外，还有蒙文通、唐君毅、张德钧等著名学者的论文，以及他的学生王树椒的遗著《论两汉魏晋用人标准之不同》。

李源澄先生与友人唐君毅先生还在《重光》月刊做编辑，该刊由全面抗战爆发后一批西迁的文化人所创办，包括唐君毅、蒙文通、熊东明、李源澄、周辅成、龚道耕等。他们苦心经营，使《重光》月刊一共出了6期。李源澄先生与蒙文通、唐君毅、龚道耕等为该刊撰写了多篇学术论文。李源澄先生还为该刊撰写了《全面抗战之根本问题》《所望于全国同胞者》《如何应付国难》等文章，在弘扬学术文化精神的同时，向民众积极宣传抗日救亡的思想。

## 丰富的办学实践，独到的教育识见

李源澄先生前半生的足迹颇有些传奇色彩。他不仅游学全国，广泛拜会名师益友以积淀丰厚学问，提高自身学术素养，埋头精研学术，辛勤笔耕不辍，学术研究硕果累累；而且还有着曲折的教学经历和丰富的办学实践。

李源澄先生从成都四川大学中国文学院毕业后，曾在无锡国学专修学校、四川大学、内迁贵州遵义的浙江大学、云南大学、勉仁文学院、重庆磁器口四川省立教育学院以及云南大理民族文化书院、四川南充西山书院、云南五华书院、灵岩书院等院校任教，在不足二十年的时间里，竟经历了不同学历层次、不同办学理念以及不同性质（公立、私立）学校的教学实践，不可不谓传奇。

传奇而曲折的执教经历，教学相长的互动，为李源澄先生积累了丰富的办学经验，使他形成了独到的教育识见。著名学者伍非百先生在四川南充创办西山书院时，特请张表方（张澜）先生约请李源澄先生到南充帮助办学并任教。李源澄先生对私人创办书院颇有自己的独识，他认为，学问如是冲着资格来的就搞不好，不如在山中与少数青年朋友共学。于是，1945年春，李源澄先生放弃已有的薪金地位，辛苦自营，在四川灌县（今都江堰市）灵岩山办起了灵岩书院，他以中国传统的“书院”教育模式为主，自立规章制度，自己主讲经学、诸子与史学等，课余则潜心研究史学。

李源澄先生爱生如子。他深知个人的学问是有限的，为使学生博闻广见，常约请学有专长的名家学者到灵岩书院讲学。如毕业于北京大学历史系，曾留学英、美等国，被称为“万能教授”的张圣奘先生就被他邀请至此任教。他还邀请了国学大师钱穆讲《中国近三百年学术史》，著名敦煌学家潘重规讲训诂学，哲学家、哲学史家唐君毅和牟宗三等先生讲哲学，新月派著名诗人、外国文学研究专家饶孟侃讲《神曲》，翻译家罗念生讲希腊悲剧，著名英国文学研究专家谢文炳讲西洋文学，著名散文家朱自清讲文学，经学大师蒙文通讲儒学，章门弟子傅平骧讲音韵学及《诗经》，学者赖高翔讲《陶靖节集》等。此外，还邀请了伍非百、张敷荣、周辅成等先生到书院讲课，“力求使学生于深山古寺之中,笃学躬行之外,而博闻古今中外之学”[①]。

能邀请到众多名流学者,足见李源澄先生在学界的人脉与威望。他在灵岩书院“数载经营,颇著成效”[②],其培养方式远播全国,被誉为“私家讲学之楷模”[③],他本人也被赞为“有志之士,特立而独行者”[④]。

1948年,梁漱溟先生将勉仁国学专科学院改为勉仁文学院时,便致函相邀,让李源澄去作教务主任(李源澄先生当时还在云南大学)。李源澄先生应邀到勉仁文学院担任教务长及历史系主任、教授后,除梁漱溟之思想体系外,仍主张兼收博览,积极推荐延聘吴宓先生任历史系教授,还亲自延聘吴玄先生到校讲授西方美学,延请傅平骧、罗庸先生来讲中国文学。此外,著名学者熊十力、佛学大师吕澄以及《楚辞》研究专家汤炳正先生等也在此设坛讲学。勉仁文学院一时间人才济济,师资实力雄厚。

由此可见,源澄先生不仅是一位学识渊博、著述丰厚的经学家、史学家、学者,还是一位有独到识见、具有丰富办学经验的教育家。

## 西南师范学院建立与发展的功臣

1950年上半年,西南军政委员会文教部决定将国立女子师范学院和四川省立教育学院合并成立西南师范学院,并由两校各推代表三人与西南军政委员会文教部代表一人组成并校委员会。应著名教育家柴有恒先生之邀,在川教院任教授兼史地系主任的李源澄被推举为该院三名代表之一,参加并院工作。8月17日,又被推举为西南师范学院筹备委员会委员,参与领导合校工作。9月27日,西南军政委员会文教部通知,由文教部派郭豫才同志来校暂行代理教务长职务,任命李源澄为第一任代理副教务长。从此,李

① 四川省犍为县志编纂委员会.犍为县志[M].成都:四川人民出版社,1991:717.

② 西华大学,四川省人民政府文史研究馆蜀学研究中心.蜀学.第二十辑[M].成都:巴蜀书社,2022:294.

③ 西华大学,四川省人民政府文史研究馆蜀学研究中心.蜀学.第二十辑[M].成都:巴蜀书社,2022:294.

④ 吴宓.吴宓日记续编.第3册:1958[M].北京:生活·读书·新知三联书店,2006:282.

源澄先生为了西南师范学院的建立和发展走上了行政之路。当时，他既要为西南师范学院的筹备组建忙碌，又要管理安排全校的教务工作，还要给历史专业的学生上中国通史、魏晋南北朝史等课，非常忙碌，直至1958年病逝。

李源澄先生在西南师范学院的八年里，先后担任了院筹委会委员、院务委员会委员、代理副教务长、副教务长、史地系教授兼主任、院工资评审委员会委员、院系调整委员会委员、学院聘任委员会委员、生活辅导组主任、教职员学习委员会委员、调查研究工作委员会委员等职。从西南师范学院建校初期直至1954年秋行政改革前，学校行政管理都是三级领导管理体制。在学院筹备委员会之下，设教务处、总务处和生活辅导委员会。教务处负责全校的教学工作，还要领导各系科、政治课教学指导组、附中、附小及教务处下设的注册组、出版组与图书馆。[①]任筹委会成员、副教务长职务的李源澄先生，责任之重大、工作之繁重可想而知。他经常参加院长办公会议，讨论决策学院有关重大事宜，尤其是关于学院各系教师的聘任工作。当时，几乎所有的聘函均由李源澄先生以筹委会或教务长的名义亲自过问并签字。身兼数职的李源澄先生为了学校的建立与发展，"援引勉仁诸同事先后至西师安居授课，亦极能热心助友"，"在校能主张正学，扶植善类"，"诚心忠悃，锐志厉进"，[②]毅然舍弃了自己平生所挚爱的学术研究，满怀热忱、兢兢业业地扑到西南师范学院的校务、教务工作上。

在迁校和院系调整工作过程中，李源澄先生负责组织领导全校师生员工进行有关迁校、院系调整的学习、动员和具体工作。由于从川大、重大、川教院合并来的大部分老教师多是他的老朋友，他又有很丰富的办学经验，可以说在合校和院系调整工作中发挥了非常重要的作用。

《犍为县志·李源澄传》这样描述李源澄先生："解放初期，他看到旧社会

① 《西南师范大学校史》编修组.西南师范大学校史[M].重庆：西南师范大学出版社，2000:74.

② 吴宓.吴宓日记续编.第3册：1958[M].北京：生活·读书·新知三联书店，2006:282.

的一些腐败现象消失了，人民当家作主了，国家一天天地好起来，他深受鼓舞精神为之振奋。于是把整个身心都投入了教育工作，连一生从未间断过的学术论著也停止了。作为副教务长，除了上课之外，对学院课程设置，工作安排，以及教师待遇，家属照顾，子女教育，无不关心。教师中有什么困难或思想问题，便及时约他们茶叙，与之倾心交谈，直到使之心情舒畅。他每月的工资，除必要的生活费外，多用于这类工作之中。凡朋友从外地去看望他，总要和友人一道慢（漫）步于西师校园，并一一指点介绍：'这是教学大楼，这是实验大楼，这是运动场……这样宏伟的建设规模，在解放前是从来没有的，共产党办教育真有气魄，这才是真正的办教育！'"[①]恩师蒙文通先生曾请去成都出差的刘又辛先生转告李源澄先生"最好辞去行政职务，专心治学教学"，但他为协助当时的领导办好学校，仍决定暂时停止自己钟爱的学术研究。可以说，李源澄先生是西南师范学院建立与发展的一大功臣。

然而，这位学识渊博精深、才华惊世的著名学术大师，独具卓识的教育家，曾被费孝通先生誉为有"王佐之才"[②]的先生，在1957年反右斗争时被错划为右派，遭到批判，深受屈辱，于1958年5月不幸病逝。从此，李源澄先生如明珠埋于沙石，长期湮没于浩繁的史海和岁月的尘埃之下。虽然二十年后他的冤案得以平反昭雪，恢复名誉，重还清白，"惜大陆士林已与之相忘久矣"[③]。

值得庆幸的是，今天，这位被沉埋半个世纪的学术名家重放光彩，有关李源澄先生的传记、学术研究成果、学术地位评价等论著和纪念之文相继出版或发表，有关他的学术思想与贡献的研讨会也多次在四川成都召开。在学界对李源澄先生的研究方兴未艾之际，谨撰此文以资纪念，并为我校曾拥有这样一位学术名家、教育家而骄傲。

① 四川省犍为县志编纂委员会．犍为县志[M]．成都：四川人民出版社，1991：718.
② 李源澄．李源澄集新编[M]．成都：四川大学出版社，2015：1133.
③ 李源澄．李源澄集新编[M]．成都：四川大学出版社，2015：1133.

# 陈云庵：参加过南昌起义的烈士校友

郑劲松

陈云庵

陈云庵（1902—1935），男，四川忠县（今属重庆）人，原名陈守谦。1922年考入川东师范学校，毕业后在重庆江北平民儿童院任教员。1926年考入武汉中央军事政治学校学习，由恽代英介绍加入中国共产党。1927年参加八一南昌起义，后经党组织安排，任广东省肇庆县（今肇庆市）县长。1928年春，奉调回四川，任中共射洪县太和镇特支书记，同年9月，奉派回忠县清理党的组织，同时担任忠县女子师范学校校长和忠县中学国文教员。1929年春，任重建后的中共忠县县委书记。1932年，调任中共万县（今重庆万州区）县委书记。因叛徒出卖被逮捕，1935年3月被国民党秘密杀害。

这是石破天惊的一枪，经久不息地回荡在历史深处。

1927年8月1日凌晨2时，江西南昌城头一声枪响，划破黑暗寂寥的夜空！

这是中国共产党武装反抗国民党反动派的第一枪。正是这一枪，拉开了中国共产党独立领导武装斗争、创建人民军队的波澜壮阔的序幕！

周恩来、朱德、贺龙、叶挺、刘伯承等领导的起义部队总计2万余人参加了八一南昌起义，其中有一位就是来自西南大学前身之一的川东师范学校校友陈云庵。

## 在川东师范学校接受进步思想,追随恽代英参加南昌起义

陈云庵又名陈守谦,1902年出生在忠县广兴乡(今金声乡)一个贫苦农民家里。他自幼勤奋好学,1920年以优异成绩考入忠县县立中学。1922年考入当时的川东共立师范学校(以下简称"川东师范")。

川东师范有着光荣的进步传统,早在1919年5月底,即牵头组织重庆联中、巴县中学等,发起过响应北京五四运动的学生爱国运动。张闻天、萧楚女、恽代英、杨闇公等早期共产党人,都曾在川东师范任过短期教员或讲课,传播革命思想。党史专家曾指出,川东师范是重庆新文化运动重要阵地(川东师范毕业生、中央文献研究室副主任李新语——本文作者注)。

陈云庵在川东师范读书期间,在中共地下组织的帮助下,经常阅读进步书刊,接受了马克思主义思想。他追求革命,积极参加反帝反封建斗争,加入了中国社会主义青年团员。1925年,陈云庵毕业后,在重庆江北平民儿童院任教员。1926年,经党组织选派,进入中央军事政治学校学习,并由恽代英介绍加入中国共产党。

中央军事政治学校其实就是黄埔军校武汉分校。黄埔军校是大革命时期国共合作创办的军事学校。1926年10月底,国民党中央决定将之前计划在武昌筹设的政治训练班改名为中央军事政治学校政治科,面向全国招考学员。1927年3月,更名为中央军事政治学校,学校的日常事务由共产党人恽代英主持。

1927年4月12日、7月15日,蒋介石、汪精卫相继背叛革命,对共产党人和革命群众举起了屠刀。形势异常严峻,这年7月,陈云庵等共产党员和进步学生在恽代英带领下,奔赴南昌,积极筹备并参加了八一南昌起义。起义失败后,经党组织安排,陈云庵出任广东省肇庆县县长。上任后,陈云庵冒着风险将该县监狱里关押的20多名共产党员和进步人士释放,随后弃职出

走。不久，党组织派他去苏联学习，陈云庵却请求组织让他回到四川继续进行武装斗争。

明知山有虎，偏向虎山行。陈云庵为了理想的实现，付出了年轻的生命。

## 临危受命，辗转巴渝，多次筹备武装暴动

1928年春，陈云庵奉调回到四川，任中共射洪县太和镇特支书记，以四海春酒店为掩护，开展地下斗争。同年秋，被派回忠县清理党的组织，开展建立党组织的工作，并担任忠县女子师范学校校长和忠县中学国文教员。他积极传播马列主义，在师生中培养发展党员。1929年春，秘密担任重建后的忠县县委书记，并在国民党第二十军政治部任总务科长。这期间，中共忠县地下党员掌握了国民党部分党、政、民团实权。一些土豪劣绅联名向四川省主席刘湘告密，称共产党“正欲组织红军，赤化忠县”。刘湘令驻军师长陈兰亭撤换了忠县后乡七个乡的团总（中共党员担任）。陈云庵召集党的主要负责人在花桥乡中共党员沈仲元（后叛变，见后文——本文作者注）家开会，决定组织后七乡民团武装暴动指挥部，陈云庵任总指挥。但消息走漏，陈兰亭派兵包围，暴动失败。陈云庵转至梁山县（今重庆梁平区）中学教书。

1930年，陈云庵再回忠县兴隆场，与担任团总的青年团员范九龄接上关系，在场上以开旅馆作掩护，开展党的活动，并通过中共党员刘代池在石柱搞到10余支枪，筹划武装暴动，不幸因外围人员亮出武器泄密，暴动再次失败，陈云庵被迫转移到金声乡。在金声乡，他与中共党员谈云程、谭远昭等开办民众义务学校，建立党的联络点。

1931年2月28日，返乡吃酒的县督学罗文奎与侄儿罗光仪摆谈时，罗光仪指着共产党员谭远昭的家门说：“那人是共产党。”罗文奎当即说要“回县报告”。这话被共产党员罗光坤听到，他立即向陈云庵报告。陈云庵派人在

罗文奎返县途中将其杀掉。党的联络点因此被迫转移到汝溪乡的刘氏宗祠。

1932年1月,中共四川省委调派陈云庵担任中共万县县委书记。县委决定开展农民运动,组织武装力量。陈云庵化装成跑江湖的袍哥,化名姓熊,人称“熊大爷”,继续以万县武陵镇一带为活动中心,积极筹款购买枪支弹药,发展革命武装斗争。但不久之后,由于身份暴露,党组织改派陈云庵到邻近万县的湖北利川一带,从事地方武装“神兵”的改造工作。陈云庵不辞辛劳,穿行于崇山峻岭间,先后找到“神兵”首领冉广兹、冉广寿等人,对其做深入细致的转化工作。通过大半年的艰苦努力,组织起近千人的武装队伍。这年夏天,陈云庵与廖德顺等在武陵一带组织起两个连的武装,准备于9月正式暴动。因准备过程中被驻军察觉,军阀部队已加强防范,暴动未能如期举行,陈云庵紧急安排有关人员撤离。

1934年春,中共四川省委又派陈云庵返回万县,隐蔽在重庆军阀王陵基部的县委负责人邓述民、朱斌处,计划发动兵变,为红四方面军和红二军团在川东会师创造条件。陈云庵到万县涪滩青龙观住持刘名杨处,由其介绍到新田团总冉明樵家任家庭教师,以此为掩护开展革命活动。他协调忠县的共产党员范远伦、范昌智到万县的新田场上开餐馆,建立起党的秘密联络点。

1934年8月,中共四川省委再次任命陈云庵为中共万县县委书记。有的党内同志认为,陈云庵原来在万县工作过,认识他的人不少,容易暴露,劝他向省委反映,让省委将他改派到其他地方。陈云庵毫不动摇地回答:“坚决听从党的安排。”他身着长衫,肩挂布囊,有时装扮成算命先生,有时装扮成江湖袍哥,在万县城走街串巷,侦察联络,筹集组织活动经费。他经多方努力,筹集到银圆数百元,他将这些钱都交给共产党员、忠县老乡沈仲元购买枪支弹药。

不料,这年秋天,沈仲元被军阀王陵基收买,携款叛变投敌,并被任命为

“万县清共委员会”主任，四处搜捕陈云庵。县委同志建议陈云庵离开万县避避风头，但陈云庵早将生死置之度外，继续坚持斗争。

## 叛徒出卖被捕，盘腿坐上妻子送来的红毛毡从容赴死

1934年10月的一天，陈云庵乔装成算命先生在万县城郊沙河子开展革命活动时，不幸被叛徒沈仲元碰见，就此被捕入狱。

在狱中，面对一次次严刑逼供，陈云庵大义凛然：“我就是共产党员，要杀要剐，随你们的便，要叫我叛党，那是妄想！”

被关押的近半年时间里，军警特务用尽酷刑、诱降、感化等种种手段，始终不能让陈云庵屈服，便以陈云庵“不服感化，死不投降”上报军阀刘湘。其间，陈云庵不仅不投降，反而在狱中给刘湘写“万言书”，痛斥其反革命罪行，向其宣传革命真理。刘湘接到书信大怒，下令立即就地枪决。

1935年3月14日，在大批军警押解下，陈云庵拖着沉重的脚镣手铐，含笑走向刑场。途经环城路，街道两边站满默然为他送行的民众，陈云庵高唱《国际歌》，从容走过古城门下的层层石梯，来到南门口江边沙滩刑场上。刽子手命令他下跪受刑，陈云庵断然拒绝，掷地有声地对军警特务和围观群众说：“共产党员，只能流血，决不下跪！”

他神态自若，昂首走上妻子送来的红毛毡，盘膝而坐，高呼：“打倒帝国主义！”“打倒军阀！”“中国共产党万岁！”英勇就义。时年33岁。

1983年10月，陈云庵被四川省人民政府追认为革命烈士。

# 陈世儒:远为学者　近若园丁

王晓佳

陈世儒(1924—1990),男,四川成都人。1948年毕业于南京金陵大学,获学士学位。1949年2月任华西协合大学农学系助教。新中国成立后,到西南农学院工作,先后任园艺系蔬菜遗传育种教研室主任、植物遗传工程研究室主任、生物技术研究中心主任,四川省园艺学会理事长等。长期从事蔬菜种质资源和新品种选育研究工作,主要讲授果树栽培学、蔬菜栽培学、植物学、蔬菜育种学等课程,主编有《蔬菜育种学》等著作,著有论文数十篇。

陈世儒

陈世儒,1924年5月生于四川省成都县(今属成都市)一个农民家。拮据的农家生活使他从小就对农民的温饱问题深感忧虑。1944年7月,他以优异的成绩考入金陵大学园艺系。1948年大学毕业后,他毅然选择了“投身农业,科学报国”的道路。1949年2月任华西协合大学农学系助教。任教期间,他一面努力完成教学辅导工作,一面不断整理、搜集中国园艺学领域的研究资料,并对大学时在著名园艺学家章文才教授指导下完成的毕业论文进行了补充、修改,为今后从事园艺植物的研究奠定了基础。

新中国成立后,华西协合大学农学系调整并入西南农学院,陈世儒随之进入西南农学院任教,1956年晋升为讲师。此间除精心授课外,他还参与了重庆市蔬菜、果树种质资源的调查、收集和研究工作。

“文化大革命”期间,高校遭受冲击,教学科研处于停滞状态,招生中断,但陈世儒心中“科学强国”的信念依然坚定如初。他利用一切可以利用的时间,阅读、钻研国内外遗传育种理论文献和专业资料,业务和外语水平显著提高。1978年,美国威斯康星州立大学威廉姆斯教授访问中国,在中国农业科学院作学术报告，陈世儒做翻译。他以流利的英语和精深的专业造诣赢得了美国专家和国内同行的好评。同年，他成为“文革”后首批晋升的副教授。1979年，他担任了全国高等农业院校试用教材《蔬菜育种学》第1版（农业出版社1980年出版）副主编的工作。

1981年，陈世儒应美国威廉姆斯教授邀请，赴威斯康星州立大学进行合作研究。其间，他涉入植物生物技术领域，掌握了组织细胞培养等理论与技术，同时对美国相关领域的高等教育体制与教学体系进行了深入了解。1982年回国后，他带领研究生立即组建了植物组织细胞培养实验室和植物遗传工程研究室，为将生物技术应用到蔬菜遗传育种中做了大量工作。1985年前后，他和研究生在国际十字花科协会会刊上发表了多篇研究论文，对芥菜的起源与分化、甘蓝自交不亲和系、雄性不育系的快速离体繁殖以及甘蓝F1杂种优势的固定等进行了系列研究，引起了国际同行的重视。在此期间，陈世儒与中国农业科学院蔬菜研究所有关专家为争取蔬菜作物育种联合攻关计划做了大量工作，为国家计委（今国家发展改革委）、国家科委（今科技部）、财政部立项“六五”“七五”蔬菜作物联合攻关奠定了技术基础。1986年，他晋升为教授，同年被国务院学位委员会评为博士生导师。1987年受聘为农业部（今农业农村部）蔬菜专家顾问组成员、全国高等农业院校教材指导委员会副主任委员兼园艺学科组组长。1988年出任全国高等农业院校教材《蔬菜育种学》第二版（农业出版社1992年出版）和《蔬菜种子生产原理与实践》（农业出版社1993年出版）主编，1989年被选为中国园艺学会副理事长。

陈世儒治学严谨，兢兢业业。20世纪80年代承担和主持国家“六五”“七五”攻关专题“甘蓝新品种选育与育种技术研究”，于1986年、1989年两度获国家科委、国家计委、财政部颁状嘉奖；主持选育出系列甘蓝新品种，获四川省1987年度科技进步奖和1988年四川省科技发明金牌奖；主持“蔬菜育种学课程改革”，荣获1989年四川省优秀教学成果二等奖；主编的《蔬菜育种学》(第二版)荣获农业部(今农业农村部)优秀教材奖;先后被评为重庆市和农业部的教书育人先进个人和优秀教师。陈世儒还兼任四川省园艺学会理事长,重庆遗传学会副理事长,西南农业大学学术委员会副主任,西南农业大学蔬菜育种教研室主任、植物遗传工程研究室主任、生物技术研究中心主任等职,为推动中国蔬菜事业的发展,做了许多有益的社会工作。

1989年10月,陈世儒参加农业部专家组活动时偶感身体不适,经医院检查发现肺部有小块阴影,但未引起他的重视。他又奔波于黑龙江、四川、上海、云南等地考察工作。待两个月考察结束后才去复查,被确诊为肺癌晚期。在中日友好医院治疗期间,为把美国权威的《蔬菜作物育种》介绍给中国同行,他在病痛中仍坚持修改各地汇来的译稿。1990年9月8日,陈世儒带着对中国蔬菜事业的无限期望与世长辞。

## 蔬菜育种研究的突出贡献

作为蔬菜遗传育种学家,陈世儒非常重视继承前人的研究成果,同时也极其重视现有遗传育种理论。在多年研究十字花科蔬菜遗传育种的基础上,他选择杂种优势利用原理和抗病育种原理为突破口,通过持之以恒的育种实践和理论研究,不断地丰富和发展上述理论。

在杂种优势利用上,陈世儒专门设计试验,对现有的雄性不育系材料进行了系统研究。对于国内外公认潜力较大的Ogura胞质系统,普遍认为其应用的障碍在于蜜腺发育不良和苗期低温黄化。针对这两大障碍,他设计了系统试验,结果证明不育系结籽率与保持系并无显著差异,从而得出了"蜜腺并非Ogura胞质系统的应用障碍,而苗期低温黄化才是其应用的限制性因子"的结论,为同行集中力量攻坚"苗期黄化"提供了启示;同时,他经过大量正反交和回交试验,证明黄化基因的表达与细胞质相关,通过有性杂交和回交很难得以改良,因而只能通过细胞质基因的转移或细胞质改良,才能克服

“苗期黄化”障碍，为国内开展细胞工程改良该不育系指出了方向。

陈世儒指导博士研究生通过原生质体融合途径，研究建立改良不育胞质的方法和技术体系，还指导研究生利用F1杂种的离体快速繁殖，从方法学上丰富了植物杂种优势的保持理论。在抗病育种方面，他主持研究提出了甘蓝抗病毒病和黑腐病的多抗性鉴定方法，通过该方法共同筛选获得数十份多抗性优良种质源，为圆满完成中国“六五”“七五”甘蓝育种联合攻关任务奠定了基础。上述工作使得中国甘蓝遗传育种领域在20世纪80年代末达到国际先进水平。

在丰富和发展遗传育种理论的同时，陈世儒勤于实践，以实践带动理论研究。仅在20世纪80年代，他就主持选育出西园2号、西园3号、西园4号、西园6号等优质、丰产、抗病的甘蓝系列新品种，为丰富地方蔬菜供应作出了贡献。其中，西园3号、西园4号在“八五”期间被国家科委列为全国重点推广项目，在四川、重庆、云南、湖北等15个省市应用推广，获得巨大的经济效益和社会效益。

1982年，陈世儒结束与美国威斯康星大学的合作研究回国，归国后，他立即指导研究生开展植物生物技术方面的研究。当时，国际上农业生物技术研究飞速发展，而国内由于“文革”的影响，工作百废待兴，尤其在蔬菜育种领域，利用植物组织细胞培养等生物技术辅助育种在国内高校尚少有。面对这一形势，陈世儒意识到，如果不把生物技术与常规育种结合起来，就不能走出一条适合国内发展农业生物技术的正确道路，也不能在尽可能短的时间内赶上和超过发达国家的育种水平。因此，他带领研究生建起植物遗传工程和组织细胞培养研究室后，立即确立了“甘蓝自交不亲和系快速繁殖”“甘蓝雄性不育系快速繁殖”“甘蓝F1杂种离体繁殖固定杂种优势”“芥菜优良珍贵资源快速扩大繁殖”等与生产实践紧密结合的研究课题，并进入“利用原生质体融合改良甘蓝胞质不育系统”等较深层次的研究。研究成果在国际十字花科协会会刊上发表，产生了重要的影响。20世纪80年代中期,随着我国生物技术的迅速发展,陈世儒“中国农业生物技术的发展必须与育种实践结合起来才有出路”这一主张的前瞻性已得到普遍证明。

## 带头探索教学改革新路子

陈世儒一直在思索国内高校的教学体制问题。他认为国内农业教育体系在学生实验操作技能的培养方面尚有欠缺。为探索教育改革新路子,1984年夏天,他坚持出任1981级本科生蔬菜育种学课程主讲教师。当时他已经带了3名研究生,还任国家“六五”攻关专题“甘蓝新品种选育与育种技术研究”等几个科研项目负责人,工作十分繁重,但依然对课程教学没有半点松懈。他从加强能力训练着眼,将原来的蔬菜育种学分成了蔬菜育种学原理与蔬菜育种技术两门课程,加强了基本理论的讲授,尤其将系列实验单独开设为育种技术课程,单独讲授、单独操作、单独考试,而总学时数并不增加,使学生实验能力得以加强。农业部教育司对其改革给予了高度评价,并向全国农业高校转发了他关于课程改革的设想、做法和经验。回顾陈世儒教授当年的改革路子,其超前意识令人钦佩。1989年,由陈世儒主持的“蔬菜育种学课程的改革”荣获四川省优秀教学成果二等奖。

陈世儒对教学改革的开拓精神还体现在他主持的一系列教材建设工作中。1987年,他受聘担任全国高等农业院校教材指导委员会副主任兼园艺学科组组长,肩负起了“七五”期间全国农业高校教材建设的重要责任。他提出了新编和修订教材要“防止重复,更新内容,介绍近年发展起来的新理论、新方法、新技术”的建议,使“七五”中标的指令性计划教材与指导性计划教材都有了明确的方向。事实证明,中国农业院校“七五”规划教材的建设为高等农业院校在新时期的人才培养提供了基本的科学蓝本,成为各院校培养和输送合格人才的基本保证。陈世儒还亲自出任了《蔬菜育种学》第二版和《蔬菜种子生产原理与实践》两部教材的主编。同时,他还力主精选、引进一批国际上公认的权威教材和专著,作为规划教材建设的补充,以介绍最新最好的成果，拓宽师生视野。他自己选定了美国十多位著名专家撰写的《蔬菜作物育种学》专著，组织全国十多位专家教授联合翻译，以期向国内同行献上一份精美的“食粮”。遗憾的是，该书尚未出版，他便被诊断出患晚期肺癌。为完成夙愿，他仍强忍病痛，修改译稿。那一行行细密的红字，留下了陈世儒对农业科教事业的无限眷恋。

## 远为学者　近若园丁

陈世儒既是一位严谨治学的蔬菜育种学家，又是一位数十年呕心沥血致力于教书育人的孜孜不倦的探索者。

作为学者，他以“远”而服人。他常说，在专业知识上，老师只有远远在学生之上，才能真正赢得学生的尊崇，对学生产生强烈的感染力。在教学上，他认真准备每一节课，在四十多年的教育科研工作中，从未有过半点松懈。当与一位进修教师讨论教案时，他拿出的读书笔记竟比教案内容多出了好几倍。1983年，他因患鼻息肉增生做了手术，住院期间仍然坚持每天读书、看资料、做笔记。他说，“人活着是为了工作。要做好自己的工作，就绝不能在任何时候放松学习”。虽然后来年岁高了，地位变了，他照样把教学工作看成自己的光荣职责。他不仅努力使自己的教学水平达到艺术化的高境界，还像春蚕吐丝一样，不断把自己掌握的知识、资料和经验变成全教研室的共同财富。每有研究生、中青年老师请教，他总是立刻放下手中的工作，热情解答，毫无保留地把自己积累的资料、文献卡片以及心得笔记等无偿地送给需要帮助的师生，他以严谨的治学态度、高深的学术造诣，赢得了广大师生的信赖和崇敬。

作为园丁，他以“近”而交心。陈世儒非常重视与学生建立感情联系，了解学生的兴趣、抱负。1977年，恢复高考后第一批大学生走进校园。受种种因素影响，有些学生不安心学农。陈世儒便利用各种机会与同学们谈心，给大家介绍园艺事业在“园林之母”的中国的灿烂历史和光辉未来,鼓励同学们珍惜来之不易的机会,使同学们很快端正了专业思想。他理解青年,爱护青年,因而为青年所理解,所爱戴,这正是他长于教书育人、善于教书育人的奥秘。

专业上的“远”,情感上的“近”,使教师语重千斤,春风暖人。陈世儒在工作和生活中处处严于律己,成为广大学生和中青年教师的表率。1977级的学生中不少人当过知青,对农活较为熟悉。在生产实习中,有人觉得担水、浇粪不是什么基本训练,因而不乐意干。这种情况下,年近六旬的陈世儒一言不发,操起扁担,默默挑起粪担,径直到菜地浇起地来。老教授这一举动深深地打动了在场的同学,大家都不声不响地跟上去干了起来。

在学术研究上,陈世儒一丝不苟。有位研究生翻译论文时遇到一个新词,词典上查不到,便以音译的方式作了处理。陈世儒审稿时发现了这一问题,认为专业词汇虽可以音译,但不能未搞清词义便轻易放过。他亲自跑图书馆,终于在一本最新的化工新词词典上查到了该词的确切词义。

在教学上,安排研究生、青年教师教学实践时,陈世儒总是严格把关,亲自主持课前试讲、课后分析讨论,每堂课均准时到堂听课,记课堂笔记,取得课后分析的第一手资料和发言权。这种高度负责的精神给青年教师们以耳濡目染,使他们很快成长为专业课教学的骨干力量。

在科研中,陈世儒以身作则。在新组建的植物生物技术实验室启动研究工作时,对实际操作、观察记载等事项,他都亲自动手示范。

1985年10月,陈世儒光荣地加入了中国共产党,奋斗不息的一生翻开了新的一页。在入党宣誓后,他说了这样一段话:“科学研究和教书育人是我的崇高职责。要真正履行好这一职责,绝非一天两天、一年两年的事。我虽已近暮年,但作为教师,仍感到任重道远。我愿一辈子恪尽职守,为振兴中华贡献自己的一生。”

这是陈世儒教授一生的真实写照。

# 陈兆畦：中国核农学事业的先驱

陈飘石

陈兆畦（1895—1986），男，广东新会（今江门市新会区）人，二级教授，我国核农学事业的开创者之一。1919年毕业于北京大学化学系，1924年获北京协和医学院生物化学系硕士学位。从1953年开始长期任教于西南农学院（西南大学前身之一）。曾任中国原子能农学会第一届理事会常务理事、第二届理事会名誉理事、《原子能农业译丛》编委等。他始终坚持自己的科研创新，以严谨的治学精神全身心投入原子能农业应用事业中。

陈兆畦

从西南大学2号门直入100米处，有一幢约4000平方米的科研教学综合大楼——第三十一教学楼，又名“兆畦楼”，是学校为纪念中国核农学先驱、著名植物生理学家陈兆畦教授而命名的。

陈兆畦，字君璧，1895年出生于广东新会外海南华里（今属广东省江门市），与国叔陈少白故居（陈少白，辛亥革命元老，孙中山先生的战友，曾任孙中山总统府顾问）只一巷之隔，其祖父陈华銮常年在东北亚各国间经商，见识广阔。在他的影响下，家族子侄辈都注重文化教育，尤其是外语学习。陈兆畦之父陈树田也通晓多国语言，并承接了家里的生意。华銮、树田父子俩皆为人敦厚豪爽，经商多年并未积下财富，家里经济经常捉襟见肘。好在陈兆畦的多位伯父因外语很好，在海关、洋行任职，收入尚可，相互间时有援助。

在外海乡塾读了几年书后，陈兆畦在伯父辈资助下，于1912年赴香港皇仁书院读书，1916年毕业，考取半公费资助的赴美留学名额，岂料出国前夕，好不容易凑够的旅费被人盗去，无奈只好放弃出国。随后考取了唐山工业专门学校，入学后才发现，自己的扁平足不适合该专业未来的野外工作，转而以旁听生身份进入北京大学化学系求学。经过一学年的旁听，通过了北京大学的学年考试，于1917年底被转为理科正科生。

同年，其弟陈兆畴也考入了北京大学英文系。两兄弟通过课余担任家庭教师的方式解决了学费及生活费问题。1919年，陈兆畦于北大本科毕业，因成绩优异，留校担任理科化学系研究所研究员及助教。次年，弟弟陈兆畴于英文系毕业，也留校成为英文讲师。陈兆畴还与他人合办了一所补习学校——砺群学院，自己任院长，陈兆畦则兼任砺群学院化学主任。

其后不久，陈兆畦考取北京协和医学院生物化学系，并于1924年获得硕士学位，先后任教于协和医学院、上海交通大学，1929年在上海被聘为中华工业化学研究所实验室主任。抗战期间，机关、高校纷纷内迁到西南地区，1939年，陈兆畦在昆明担任云南省建设厅技正（技正，官名，旧时中国技术人员的官职）兼药物制造厂筹备主任。1940年，陈兆畦来到四川省合川县（今重庆市合川区），担任国防部直属卫生材料厂鉴定科主任，为该厂生产的阿司匹林、奎宁（金鸡纳霜）等军用药物进行质量把关，为抗战胜利作出了贡献。抗战胜利后，1947年6月，陈兆畦受聘担任中国西部科学院理化研究所主任、研究员。新中国成立后，中国西部科学博物馆改名为西南人民科学馆，陈兆畦被委任为西南人民科学馆副主任委员。但陈兆畦更希望从事科研教育而非行政工作，因此，他于1953年来到西南农学院，担任土壤农业化学系教授，兼任植物生理生化教研室主任。

20世纪50年代，苏联在原子能农业应用上取得重大进展，居世界一流水平，而中国在该领域尚是空白一片。1956年，中国农业科学院选派陈兆畦等优秀农学专家前往苏联科学院生物物理所考察学习原子能在农业上的应用。其时，陈兆畦已年过六旬，他深入学习了各种尖端的核农学知识，取得重大收获。1957年回国后,陈兆畦参与组建了我国第一个原子能农业应用专业研究机构——中国农科院原子能利用研究室,把全部精力投入我国的原子能农业应用事业,成为我国核农学事业的开创者之一,并在中国农科院举办的同位素培训班授课,为培养核农学人才作出了贡献。他还发表了《原子能在农业上的应用》一文,其中提出,“利用放射性同位素所放出的射线照射种籽(子)引致人工变异,从而得到适合要求的品种”“利用射线杀灭昆虫、真菌、细菌等保存粮食”“利用放射性同位素作示踪研究,解决农业上的理论与实践问题”。[①]这些研究对此后中国核农业的蓬勃发展,具有重要的意义。

1959年,陈兆畦回到了西南农学院,着手筹建同位素实验室。在他的努力下,该实验室技术力量和仪器设备不断充实,后来学校还修建了具有2万居里照射源的全新的同位素实验大楼,担负着全校核农学的教学任务,承担了国家和省、市下达的多项科研任务,并取得了可喜的成果。他还撰写了《放射化学》《植物生物化学》等著作。其杰出贡献获得了社会各界的认同,曾当选为四川省第一、三、四届人大代表和重庆市政协第一、二届委员。[②]

改革开放迎来了科学的春天,在“文革”中受到冲击的陈兆畦恢复了名誉,年过八旬的他怀着对国家和人民的热爱,于1978年迅速恢复了生物固氮的科研项目,重新收集、整理资料。为服务农业现代化,他还增加了测定土壤肥力的“土壤酶”科研项目,并承担了带研究生的任务。两项研究都取得重大进展。其研究成果体现在《提高根瘤菌固氮力的研究》《土壤酶与土壤肥力关系的研究》等论文中。[③]

1979年,中国原子能农学会在杭州成立,陈兆畦非常兴奋,不顾年老体衰,千里迢迢从重庆赶到杭州,到会祝贺并鼓励与会代表为原子能农业应用事业作出贡献,还以84岁高龄担任了中国原子能农学会第一届理事会常务理事。1980年,《原子能农业译丛》创刊,陈兆畦又担任了编委,还兼任重庆

① 陈兆畦.原子能在农业上的应用[J].物理通报,1959(9):390.

② 万兆良.怀念我们的老师陈兆畦教授[J].核农学通报,1987(2):38.

③ 自然科学年鉴编辑部.自然科学年鉴(1987)[M].上海:上海翻译出版公司,1989:5·52.

市生化学会名誉理事长、中国原子能农学会第二届理事会名誉理事等职务。

1983年5月，中国农学会在北京召开建会六十六周年纪念大会，邹秉文、陈兆畦等全国89名从事农业科研、教育、技术推广工作五十年以上的卓有成就的老专家、老教授受到隆重表彰。全国政协副主席王首道、全国科协主席周培源、农牧渔业部部长林乎加、林业部（今国家林业和草原局）部长杨钟等到会祝贺。中共中央政治局常委陈云为坚持农业科学工作五十年以上的老农学家亲笔题词“发展农业是头等大事”，该题词并印在表彰状上。

1986年2月，陈兆畦教授因病去世，享年91岁。他的学生、时任西南农业大学核技术实验室主任的万兆良教授这样回忆他的恩师：“陈老师总是诲人不倦，谆谆善诱地关心中青年教师的成长。他经常告诫我们：‘对待科学要严肃认真，实事求是，刻苦钻研，丝毫不能有半点马虎。如果要想在科学事业上取得一点成就，一定要下苦功夫，脚踏实地地干。’这是他数十年经验的结晶。对于中青年教师的科学研究，他经常给以具体的指导，甚至对项目选择、研究内容和方法等都提出具体意见。他还细致批改科研论文和译文，认真解答提出的问题。陈老师为培养研究生作出了杰出贡献。他带研究生严格认真，从不马虎。甚至在晚年行动不便的时候，仍坚持给研究生上专业课和英语课，在病故前十多天还在给研究生布置寒假作业。三十多年来，陈老师培养了数十名研究生和成千上万大学生，真是桃李满天下。”①

为纪念陈兆畦这位有杰出贡献的植物生理学家，西南大学把位于南校区的第三十一教学楼命名为“兆畦楼”，这也是西南大学十二幢以人名命名的建筑之一。兆畦楼承载着师生们对这位中国核农业先驱的怀念，也无声地表达着立德树人的先生之风，激励着一批批年轻学子，走入兆畦楼，又从兆畦楼走向美好未来。

① 万兆良.怀念我们的老师陈兆畦教授[J].核农学通报，1987(2):38.

# 陈重穆：一位数学家人生事业的三次选择

颂扬

陈重穆

陈重穆(1926—1998)，男，重庆巴南人。1949年毕业于重庆大学数理系，获理学学士学位，1950年到西南师范学院数学系任教。曾任数学系主任、西南师范大学校长、四川省政协第六届委员、四川省数学会副理事长、重庆市数学会理事长等。主编《高等代数》《有限群论基础》等本科和研究生教材。荣获国家"有突出贡献的中青年专家"等荣誉称号及四川省科技进步奖一等奖、国家教委(今教育部)优秀教学成果奖等奖励。

陈重穆是这样一个人，走在街头，常有赶路的人走过来，拍拍肩，对他说："老哥子，借个火！"吧嗒吧嗒，烟燃了，道个谢，又继续赶路。他们不知道，这位常年穿件中式对襟布衣，微跛着右脚的长者，竟是我国著名代数学家、国家级有突出贡献的专家、原西南师范大学校长、博士生导师陈重穆。那些大凡闻知陈重穆大名却无缘认识的人，第一次见到他时往往都会惊讶一声："哦，这就是陈重穆！"简单，朴素，自甘平凡而又不平凡，这就是陈重穆教授。

## 一

1945年秋天，抗日战争结束，青年陈重穆也从重庆钟南中学(原为南京私立钟南中学，因抗战内迁重庆)毕业了。他走到了人生的一个十字路口，这年他19岁。报考什么样的大学？学什么样的专业？人生道路的一次重大抉择摆在了他的面前。“学建筑或是化工专业吧！毕业以后容易找工作，待遇也不错!”在家人的声声规劝中,陈重穆摇了摇头。数学,只有数学才是他心中的彩虹。他想起了自己儿时的生活。

1926年,陈重穆出生在重庆一个商人家庭。儿童时代,小儿麻痹后遗症使得他右脚微跛。正是天真烂漫的年龄,在春天的风高高托起可以让每一位无邪少年神思遐想的风筝时,该死的小儿麻痹后遗症却限制了少年陈重穆的行动。他待在家中,寻找寄托,读古典小说,看诗词歌赋,他失去了童年乐趣,却养成了喜静、爱读书、爱思考的习惯。初中一年级时,一本叫作《三S平面几何学》的教材闯进了他的生活。

那是1939年,他进入巴县初级中学,从老师手中接过若干教材,其中一本《三S平面几何学》吸引了少年陈重穆的目光。在好奇心的驱使下,他一页页地翻看起来,觉得书中的点呀线呀角呀什么都常见,不难懂,试着解题,也能顺利解出来,这激发了他的兴趣。一页页、一天天读下去,看了对顶角相等的证明,他感到数学的逻辑推理是如此严谨清楚,再简单的事实都有一个道理,这更激起了他的求知欲。从这本小册子入门,少年陈重穆产生了对数学的兴趣,这本小册子激起了他对数学的热爱。

所以,站在命运的第一个十字路口,陈重穆选择了数学。尽管当时不少人告诫他,学数学毕业后不好找工作,薪水也不高。他依然违背家人的意愿,考进了重庆大学数学系。

进了重庆大学,数学的天空豁然开朗,中国数学界的一批名师给青年陈重穆展开了一片全新的天地。他原以为,自己的数学已经学得差不多了,不用费力就能获得好成绩。在大师们开启的数学殿堂里,陈重穆才知道数学的博大精深。他在柯召教授(著名数学家,中国科学院院士,时任重庆大学教授,后曾任四川大学校长)等名师教导下,勉力攻读,修了函数、群论、数论等课程,作了数论方面的毕业论文。以此为基点,他开始致力于代数的学习和研究。

凭借自小就有的对数学的执着，对未知世界勤学苦研不懈追求的毅力，陈重穆一路走过人生的坡坡坎坎，走进了神秘的数学殿堂。

## 二

1949年，陈重穆大学毕业，时值10月金秋，中华人民共和国在北京成立，将一个崭新的时代展现在青年陈重穆面前，生活空间和成长空间都格外让人舒心畅气。曾为大学毕业后工作难找而犯愁的陈重穆感到面前的路一下宽阔亮堂了，为新生的中华人民共和国服务的时候到了。选择什么样的职业作为自己报效祖国的事业呢？在人生的又一个十字路口，陈重穆选择了到西南师范学院从教。

在西南师范学院，陈重穆从助教做起，从被当今一些人视为打杂的辅导、答疑的工作做起，他在这些工作中受益良多。在陈重穆看来，“学生问题之多，难以想象，不把基础课摸得滚瓜烂熟，是当不好助教的”。那些年，他几乎辅导了数学系所有的基础课，还与一群年轻教师组织起读书会，每周一两次轮流作读书报告，作完报告以后又互相挑剔。他在严栋开教授的指导下进修，奠定了代数、群论研究的坚实基础，担任张孝礼、李孝传等教授的数学分析、几何基础等课程的助教，还主讲了多门课程，数学素养水平日渐提高。

陈重穆选择代数中的有限群论作为主攻方向。1958年，他发表了第一篇论文。1964年，陈重穆在《数学学报》上发表论文《Burnside定理的一个推广》，受到我国著名代数学家、学部委员（即中国科学院院士）段学复教授的关注。段学复教授在高等教育部的支持下，在北大举行了全国性的群论讨论班，想集中全国群论工作者的力量，致力于有限群单群分类的研究，特别邀请陈重穆参加。在北大期间，陈重穆还参加了许宝騄先生主持的组合数学讨论班，直到“文革”开始，讨论班结束，约有两年时间。这两年中，陈重穆开阔了眼界。他潜心研究，系统学习了当时的最新学科——有限群的模表示论,在专业水平上有了很大提升。他同一批在群论研究中崭露头角的中青年学者一道,决心在名师带领下出一批具有世界先进水平的研究成果,可惜“文革”中断了这个大好势头。

1976年以后,陈重穆带着甲亢重症初愈之身恢复了数学的学习与研究,沉抑已久的创造之“火山”到了喷发的时候。

陈重穆的主要贡献在群论,尤其是在临界群方面,他取得了突出的成果。他把在局部分析中常用的极小反例的方法加以抽象化,科学地划分为内-∑群、外-∑群与极小非∑群,指出它们既是群论研究的对象,又是研究群论性质的有效方法。他在《数学学报》《科学通报》《数学年刊》等刊物上发表基础数学论文和数学教育研究论文近百篇,其研究成果被人在学术专著中专门予以介绍,被国内外刊物转摘,世界权威学术刊物——美国的《数学评论》多次摘评陈重穆的研究成果。他的代表作《内外-∑群与极小非∑群》成为我国重要的有限群研究专著之一,对推动我国有限群研究发挥了重要作用。除群论外,陈重穆科学研究的范围还涉及数论、线性规划、数理统计等领域,他在这些领域也作出了成绩。由他主持的科研项目“群的构造理论”获四川省科技进步奖一等奖。

人们在赞叹陈重穆学术的成就时,也会对其突出的育人成就给予深情礼赞。

在教学中,他善于启发学生,注重培养学生分析问题和解决问题的能力,为学生创造了一个又一个成才的机会。首届研究生施武杰、张广祥毕业不久就被破格晋升为教授。施武杰用群的阶、元的阶刻画群的系列工作在国内外均有影响;张广祥在陈重穆的支持下到美国耶鲁大学访学,成功解决了二十多年前两个外国人在著名的“奇阶群可解”论文中提出的三个重要问题中的一个;博士生肖文俊在攻读硕士研究生时成绩一般,经陈重穆培养,从作博士论文开始解决了若干数学猜想,成绩突出。陈重穆培养了国内第一个无限群方面的博士生,他的弟子为我国群论的发展作出了可贵的贡献。

陈重穆教授用自甘平凡、虚心向学的精神影响学生。他在给研究生讲授赫尔《群论》这部经典著作时，还是像当助教时一样，把书中的每一道题都做一遍，有个别题做不出来，他就对学生说，运用教材上的知识我还不会做，你们试一试。他的硕士研究生张广祥从美国耶鲁大学学成归来，新开“群表示论”课，陈重穆前去虚心聆听，就像当年去听老先生们讲课一样。陈重穆认为，注意听每一个人讲课和讲话，可以从不同角度吸收有益的东西。

陈重穆是学生成长的举烛人，更是学生敬业修德的精神引领者，他以自己对事业的热爱去感染学生。学生们忘不了，那年数学教育方向的研究生举行研讨会，邀陈先生参加，不巧的是那天天气突变，气温骤降，陈重穆教授感冒了，研究生们都认为陈先生不会来了，可陈重穆却抱病而来。看到雨水打湿了衣衫的陈重穆教授出现在教室里，学生们感动得热泪盈眶。从陈重穆先生身上，学生们懂得了什么是敬业精神。

## 三

这样一位知名数学家，在年富力强的事业鼎盛期，又一次作出了让那些追逐名利的人难以理解的选择：辞去校长职务，并暂时放弃自己熟悉的群论研究。

是厌倦了行政管理工作的繁杂、学术的枯燥？是为了松弛绷紧的神经、歇息疲惫的筋骨？都不是。陈重穆听到了来自基础教育一线的呼唤。

那是在1986年，那时，我国初中数学教学质量不高、师生负担重、学困生大面积存在的现状引起了陈重穆的担忧。他在一次有关中学数学教育研究的学术报告中，提出了被听众誉为“切中中学数学时弊”的独到见解——把方程放在教学中心地位，充分发挥其在激发学生兴趣、培养学生能力上的作用。人们激动了，中学教师、大学专家、国家教委有关领导都希望他据此观点编写一套突破传统框架的新教材。

于是，陈重穆确立了自己事业的最新选择——面向基础教育，开展数学教育教改实验。他全身心投入进去，以至于一次次因疲劳过度而出现甲亢性心房纤维颤抖，疾病曾危及生命，陈重穆教授却置之度外，仍不顾一切地投身于教材的编写与教改实验中。他在给时任国家教委中小学教材办公室主任南国芬、基础教育课程教材研究中心主任游铭均的信中透露了当时的心情。他说自己"陷得很深，不能自拔，但我并不后悔，因为基础教育改革实验是关系到子孙后代的事，关系到千秋万代的事"。

人们为陈重穆教授的精神所感动，也为可能出现的后果而担心。因为编教材似浅实深，难免砸锅之虞。有人劝他不如在自己熟悉的领域再出点成果，陈重穆不以为意。他认为自己"在编教材中的作用远比发几篇群论论文作用大，少了我的几篇论文无碍群论大局，而我主编中学数学教材，一是可从更高的角度去把握和驾驭教材，易于抓住关键，建立新的体系，二是较易得到重视和支持，三是可以带动一批人从事这项研究，四是其成果会获得比群论论文更广泛、更久远的社会效益"。

陈重穆教授着力于一系列基础教育教改的实验，主编了两套由当时的国家教委统一规划的九年制义务教育教材。为探索素质教育的新路子，他从1989年开始，在总结西南师范大学数学系中学数学教改实验室多年教改实验经验的基础上，会同宋乃庆教授开展了以提高课堂效益为内核的GX实验。

GX实验植根于中学数学教学这方沃土，本着"质量与效益并重"的精神，从"发挥时间最大效益"这一崭新角度切入，形成了有关GX的教育思想、教材及教法，为我国数学教育改革开创了一条新路。

GX实验研究的思想及方案，1989年开始成熟，进入准备实施阶段，1992年起在重庆市5所学校6个班初试，1997年已扩大到120个班，由于实验效果出乎意料的好，实验范围迅速扩大，由重庆发展到四川、云南、贵州、黑龙江、江苏、湖南、福建、河北、海南。GX实验被认为是我国中学数学教学中进行教育思想、教材、教法综合改革与实验的成功尝试，不少专家、学者和教育部门的领导纷纷给予肯定和支持，对“大教授”投身基础教育研究的行为予以高度评价，认为“其意义不比培养一个牛顿小”。

特别值得一提的是，陈重穆教授提出的GX理论的精髓“淡化形式，注重实质”，打破了传统的“数学教育目的是形式陶冶”的观念，改变了过分追求数学教学的“形式化”“科学性”的做法。专家们认为，GX理论来自中国数学教育的实际，提出了一项涉及根本大计的数学教育课题。《中国教育报》载文称，在国内数学教育尚在遵循苏联严格形式化教学原则的时候，陈先生提出了“淡化形式”的创见，使中国数学教育出现了“柳暗花明又一村”的前景。

自1989年到1996年，陈重穆教授获得两次国家优秀教学成果一等奖，一次二等奖；由他主持、主研的“群的构造理论”1989年获四川省科技进步一等奖，主研的“有限单群的刻划（画）与临界群”获国家教委科技进步奖三等奖；1995年，陈重穆教授获得香港柏宁顿教育基金会“孺子牛金球奖”。陈重穆教授在群论研究、人才教育、教改实验方面所取得的卓越成就，已为社会所广泛认可。

陈重穆教授还在基础教育研究中留下了光辉的一页。他曾率领西南师范大学数学系中学数学教改实验组深入中学，主持“西南地区中学数学教改实验研究”等4项省（部）级基础教育科研项目，大面积提高了中学数学教学质量，促进了人才培养，深受各有关中学师生欢迎。他主编了5套中小学数学实验教材（其中2套通过国家审定），在全国产生了很大反响；他领衔主持的“中学数学教材教法课程改革实验”获四川省优秀教学成果一等奖、国家级优秀教学成果奖；他主持的“提高初中数学课堂效应的GX实验”在他去世三年后获重庆市科技进步二等奖。

1998年2月，陈重穆教授因病去世。面对他留下的累累硕果，看到在他的奖掖下成长起来的一大批中青年学术中坚，回想起他跛着右脚在校园、在基础教育一线匆匆奔走的身影，人们不禁动容，称赞他是大时代的一本人生教科书。

# 赵维藩:行可楷模人期寿①

陶举虎

赵维藩(1905—2022),男,山西文水人。1929年毕业于中央大学外国文学系,获文学学士学位。毕业后先后执教于中学、专科学校、大学先修班。1941年到国立女子师范学院任副教授,1945年任教授,并任该院外文系主任,其后还在重庆大学、重华学院等处兼课。1950年5月起任西南师范学院外语系教授。1952年全国高等学校院系调整,外语系改为俄语系,任俄语系主任、教授。1956年,英语专业恢复,任外语系主任,讲授英语。1987年退休。历任重庆北碚区人大代表及重庆市政协委员数届,西南大学学术委员会委员、学位委员会委员。主要著作有《西洋古代史》《高级英文选》《英语漫谈》《英语语音学》等。

赵维藩

赵维藩,字竹南,1905年1月出生于山西省文水县。

幼时,赵维藩的父亲对其管教甚严,对他的期望也很高,他刚满7岁就被送进私塾,读孔孟之书,效孔孟之行,接受封建礼教。13岁时,他走出私塾,考进了文水县立高级小学。其间,国文老师经常将他的作文贴上堂,让人观摩。1919年夏季,赵维藩从县立高小毕业后,考入太原的省立第一中学。旧制中学的课程除国文、数学、理化、史地以外,还有一门英文,从初一就得学起。在省立第一中学求学时期,赵维藩遇到了一位优秀的英文老师,激发了他学习英文的兴趣,赵维藩从此爱上了英文。

① 本文据赵维藩《我的昨天和今天》改写。赵维藩.我的昨天和今天[M]//北京图书馆《文献》丛刊编辑部,吉林省图书馆学会会刊编辑部.中国当代社会科学家.第四辑.北京:书目文献出版社,1983:196-206.

当时，南京的东南大学、金陵大学外文系都办得很出色。1925年夏，赵维藩中学毕业后赴南京，先考金陵大学，再考东南大学，结果“两战皆捷”。金陵大学是教会大学，费用较高，而东南大学收费较低，且东南大学外文系的师资阵容很强，教授如楼光来、张歆海、闻一多、徐志摩等都享有盛誉。因此，赵维藩毫不犹豫地选择了东南大学。

在东南大学（1928年改为中央大学）外文系读书的四年半中，赵维藩亲聆教益的高水平教授有好几位，其中楼光来先生最受赵维藩敬重。楼光来先生教英国散文和莎士比亚戏剧，其课堂讲授总是旁征博引，富于启发性。楼师不仅课讲得好，文章也写得好。赵维藩在英文写作上的进步，受楼光来先生的帮助不少。当时的东南大学和后来的中央大学都实行学分制，学制是五年。赵维藩用四年半的时间修满学分，准予提前毕业，获得文学学士学位。

大学毕业后，赵维藩先生一直从事英国语言与文学的教学工作。教了两年中学后，任专科学校英文讲师。抗日战争全面爆发后，赵维藩先生到了重庆，在国立编译馆工作。1939年到江津白沙镇任教育部特设大学先修班首席英文讲师。按照学校要求，赵维藩先生除担任教学工作外，尚需从外国短篇名著中遴选教材、注释课文、编写作业练习等。这些资料经过全校两年的使用，形成了一套比较完整的教材。1942年秋，赵维藩先生任国立女子师范学院英语系副教授。同事中有李霁野、孙逢祯、吴景荣诸先生。1944年，在李霁野先生（后任南开大学外文系教授、主任）的鼓励下，赵维藩先生计划写一部书——《英国语言的综合研究》，写书的计划刚刚拟定，他就遭到一场疟疾的侵袭。养病期间，赵维藩先生在病榻上开始写书工作，秋季完稿。1946年，赵维藩先生从这部书稿中摘出部分材料，做了进一步修订，取名为*Talks On Speaking English*，加了中文书名——《英语漫谈》。1947年，经鲍屡平先生（后任杭州大学外文系教授兼系主任）的推荐，由商务印书馆出版。

1948年，赵维藩先生把在大学先修班的教材《高级英文选》进行了重新修订,该教材包括近40篇选文,每篇选文之末有作家传略、词语注释、英汉互译练习、作文题目等,同年由重庆陪都书店分上下两册出版,被当时国立女子师范学院、相辉学院、重华学院等校用作公共英语教材。

抗日战争胜利后,赵维藩先生随国立女子师范学院由白沙镇迁至重庆九龙坡,任英语教授,次年兼系主任。当时在国民党反动政府的统治下,社会秩序混乱,恶性通货膨胀使物价直线上升,广大教师为了维持温饱,不得已到处兼课,"爬三坡"(即松林坡、九龙坡、向家坡,分别是重庆大学、国立女子师范学院、重华学院三校所在地)者有之,"轮流停电"者亦有之。赵维藩先生也不例外,他的爱人久患心脏病,身边又有子女4人,6口之家生活困难,他迫不得已也在外校兼课,仆仆道途,折腾在饥饿线上。

重庆解放后,1950年,西南师范学院成立,赵维藩先生在外语系任教授。1952年,全国高等学校院系作了大调整,西南师范学院的规模扩大了,随着局势的变化,外语系改为俄语系,赵维藩先生担任俄语系教授兼主任。

1956年,英语专业恢复,俄语系改回外语系,赵维藩先生仍任教授兼系主任。几十年的系主任生涯中,赵维藩先生被公认为是一个原则性强、不徇私的正直人。在教师使用上,他坚持"用其所长",某教师确实长于某门课程,他就全力支持他上某门课,有时还出现这样的情况:别人的专长与他的专长"撞车"了,这时,他总是毫不迟疑地给别人让路。

赵维藩先生是一位有远见的系主任。从20世纪60年代开始,他就十分注意外语系中青年教师的培养。1961年,一位英语专业的青年教师经院党委同意脱产进修英国文学,为期三年,指导任务落在赵维藩先生身上。这位教师业务能力较强,学习自觉性较高,三年进修期间,凡赵维藩先生指定的散文、小说、戏剧、诗歌,以及英国文学史、英国史、欧洲史等书,他都按时读完了。赵维藩先生每周指导两次(包括答疑),到最后结业时,在三位老教师的严格审议下,这位教师取得了优异的成绩。1963年到1964年,外语系前后举办了三次在职教师进修班,指导工作都由赵维藩先生担任。通过短期的进修，青年教师的业务水平和教学质量都有了提高。1978年，系上再次组织了一个青年教师在职进修班，时间一年，指导责任仍旧落在赵维藩先生身上。一开始，赵维藩先生就跟青年教师“约法三章”：第一，认真钻研教材；第二，着重口语实践、笔头练习；第三，严格督促检查。对此三者，如果教学双方任缺其一，则都是不负责任的具体表现。赵维藩先生之所以提出这些要求，主要由于进修的同志在“十年动乱”中个个都是受害者，不把过去的损失弥补起来，就很难适应教学的需要。通过教学双方一年的努力，18位进修教师中有12位的成绩达到优秀。赵维藩先生认为，外语师资队伍中的青年同志正如林场中的幼树，幼树得不到精心培育，那林场是没有发展前途的，对青年教师不给予充分的进修机会，只顾使用，忽视培养，或者使用过多，培养较少，要想他们提高教学质量，承担未来更重的教学任务，是缺乏远见的。

1964年春季起，赵维藩先生利用教学和系行政工作的余暇，着手写《英语语音学》。同年11月，书稿写到一半时，“四清”运动开始了，他只好暂时搁笔。1966年6月，“文化大革命”爆发，他被迫完全停笔。“文革”中，赵维藩先生虽受到冲击，但仍参加了英语教材的编写，并带病担任定稿人。

1979年，西南师范学院外语系招收了第一届二年制研究生，成立了研究生班，学员的专业方向是英国语言与文学，赵维藩先生教授英语语音学和英国小说课程。赵维藩先生要求甚严，指导撰写论文时，要求研究生撰写论文之前必须阅读教师开列的有关参考书籍，并谆谆教导研究生：要想写出对某一作家的代表作品具有自己独特见解的评论文章，就必须对该作品进行深入钻研，透彻理解，从字里行间发掘和掌握其内涵，不如此，便不易有自己的创见。

从1952年担任系主任到1984年卸职，西南师范学院外语系几十年间走过的道路始终有赵维藩先生的身影，外语系的发展凝结着他的心血。从系主任岗位退下来后，赵维藩先生仍一如既往地关心着外语系的建设。80高龄的老人，仍在教学和科研两个领域忙碌。细心人还会发现，这位白发苍苍的教授常常奔波于校园:别人在学术上有了疑难,他上门指点迷津;自己生着病,却去看望远比他年轻的生病教师。作为国内知名的英语教授,赵维藩先生的辛劳何止于西南师范学院校墙之内!他得为兄弟院校主持研究生答辩,他要审阅其他大学教师评审高级职称送来的著作和论文……感动之余,人们也常劝他注意保重身体。他笑笑,表示感谢,但跟着又补上一句:"几十年来搞惯了。不做事,我就感到空虚啊!"

1985年,赵维藩先生光荣地加入了中国共产党。

# 胡锦矗："中国大熊猫之父"

邓力

胡锦矗

胡锦矗（1929—2023），男，四川省开江县人。1955年毕业于西南师范学院生物系，1957年毕业于北京师范大学生物系脊椎动物研究班，从北师大研究生班毕业后，进入四川南充师范学院（现西华师范大学）生物系工作，历任讲师、副教授、教授。1974年，胡锦矗受命进入四川卧龙，组织和领导了全国第一次大熊猫野外调查研究，开始了后半生的大熊猫研究生涯。1978年，他牵头在卧龙自然保护区建立了世界上第一个大熊猫野外生态观察站"五一棚"。1983年，胡锦矗担任了中国保护大熊猫研究中心第一任主任。2007年退休，退休后他仍坚持到办公室工作至91岁。1987年，国家科委授予胡锦矗"国家有突出贡献的专家"称号，1991年起，享受国务院政府特殊津贴。被誉为我国的"熊猫教父"、"熊猫教授"、研究"国宝"的"国宝"。

## 一

大熊猫憨态可掬，呆萌可爱，受到全世界人民的喜爱。但是在一百多年以前，人们对大熊猫这种动物还相当陌生。据说，当时国外有位传教士来到中国西部的深山密林，在当地山民的家里，这位传教士见到一张熊猫皮，他被这张神奇的兽皮深深地吸引了，他极尽想象，推测这是只什么样的动物。从兽皮的色斑上，传教士看到了某种从未见过的动物的可爱形象，但实在想不出这是什么动物。他花了点钱买下那张兽皮，带回了欧洲。

不久，这张神奇的兽皮出现在法国巴黎的自然博物馆里，面对这张见所未见、闻所未闻的大熊猫皮，一些自以为见多识广的欧洲人得出了让那位传教士啼笑皆非的结论：世界上没有这种动物，皮是假的！他们哪里知道，大熊猫正生活在远离尘世的中国西部的莽林竹海中。明月松间照，清泉石上流，一百多万年来，大熊猫恬静自在，与世无争地生活在丛林竹海中。而后来，生存环境变得越来越恶劣，大熊猫家族艰难地走到了现在，静候着真正爱它们的人前来。

一位名叫胡锦矗的科学工作者走进了深山密林。

## 二

胡锦矗，中国大熊猫研究专家，1955年毕业于西南师范学院生物系，1957年毕业于北京师范大学研究生班，从研究生班毕业后进入四川南充师范学院（现西华师范大学）生物系工作，历任讲师、副教授、教授。

爱动物，爱草木山水，爱祖国的一切，是什么时候，胡锦矗在自己的生命中融进了深刻的内容？

胡锦矗的家在开江县一个依山傍水的小村庄。在他的记忆中，家乡的小村庄在一块平坦开阔的河谷地带，两岸郁郁葱葱，烟笼林覆，山中有飞禽走兽，清澈的河里游着鱼和虾。故乡的山山水水生机无限，给他带来好多好多的欢乐，他对大自然、对神奇的动物世界怀有深深的迷恋。

有一次，我爬到一棵很高的树上，逮了一只小斑鸠抱回家喂养，没想到小斑鸠不吃不喝，没过两天，就活活饿死了。后来，我爬上树枝观察斑鸠妈妈怎么喂小斑鸠，一连观察了好几天，终于摸索到了小斑鸠的习性。当我再次逮到小斑鸠时，我就学斑鸠妈妈的样子，将油菜籽和米汤噙在口中，让小斑鸠在我口中啄食。开始我有点怕小斑鸠尖尖的嘴会啄破我的唇舌，但一看到它可怜饥饿的样子，我就放大胆子，张开嘴让它啄食。它的小嘴啄着，我口中痒痒的，喂了它两次，我就完全习惯了。我开始体会到当小鸟妈妈的艰辛。日复一日，小斑鸠长得羽翼丰满，十分可爱，见到我就发出欢快的叫声，它真把我当妈妈了。这时，我又感到了当鸟妈妈的乐趣。直到读大学时，我才明白，鸠鸽科的鸟哺雏时就像这样，小鸟在母鸟口中啄食，母体从嗉中分泌出一种乳汁，就像人类喂给婴儿的母乳和牛乳一样。这种乳汁是小斑鸠所必需的养料，而在我口中的米汤正好代替了乳汁。我还养了一群家鸽。我在它们的尾部拴上不同的鸽哨——有用大半个乒乓球贴上带裂纹的葫芦皮做的低音哨，我们叫它莽儿；有用竹制小管做的高音哨；有用核桃壳做的中音哨。当群鸽飞向广阔的蓝天时，十几种鸽哨齐鸣，简直是一支美妙的管乐重奏曲，真使我陶醉。

在与大自然的接触中，一个寄托终生的理想在少年胡锦矗的心中潜生暗长。

带着这个理想，胡锦矗走进了西南师范学院，在施白南、戴蕃瑨等名师指导下，进入生物学科领域，成为老师们最喜爱的弟子。1955年秋天，胡锦矗从西南师范学院毕业，考取了北京师范大学研究生班，一步步进入科学研究的殿堂。

## 三

20世纪70年代初，美国总统尼克松和法国总统蓬皮杜先后来华访问，向我国提出赠送大熊猫的请求，周恩来总理指示林业部迅速派人对野外生存的大熊猫进行调查。

国家林业部（今国家林业和草原局）和四川省有关部门立即派出了一支由四川省林业厅（今四川省林业和草原局）副厅长任队长的考察队，在动物研究方面已经崭露头角的胡锦矗担任了考察队副队长职务，从此与大熊猫结下了不解之缘。他走遍岷山、大小凉山、秦岭等地区，调查了解大熊猫生存情况。

他们发现,这种一百万年以前广泛分布在中国的动物,由于受人类活动范围扩大、环境变得越来越恶劣等因素的影响,生存空间已经退缩到青藏高原西部边缘一个很小的范围内。当时调查统计的数据表明,世界上大约只有1000只熊猫还活着。

大熊猫生存的现状,令胡锦矗十分忧虑不堪。作为生物学家,他当然知道,任这种情况继续下去,要不了多久,大熊猫就将在地球上消失。如果消灭了一个物种,不论花多少代价,也不能再创造它。大熊猫是一种极具生态意义的物种,被誉为“国宝”。与死神争夺大熊猫,拯救世界上最珍贵的野生动物,胡锦矗把这沉甸甸的责任担在了肩上。

从1974年开始,胡锦矗与科考队员一道,从川、陕、甘交界处经岷山、邛崃山脉到凉山大风顶,对大熊猫的生存状况进行了全方位的科学考察。大熊猫出没的地方,往往山耸谷深,竹葱林茂,人迹罕至,有的地方,连药材商也不敢去闯,稍有不慎,就有掉下千仞绝壁,粉身碎骨的危险。且不说发现大熊猫行踪、收集生态生物资料之难,就是走路、吃饭、住宿也面临着严峻的考验。这些考验,胡锦矗没放在眼里,长期的野外生活,使他有一根比普通人壮实的神经。让他忧心如焚的是大熊猫面临的恶劣自然条件,岷山地区一次大规模的竹子开花,就饿死了130只熊猫。为了拯救大熊猫,他豁出去了。

1981年冬天的一个下午,我和一位记者在那里追踪一只野生大熊猫。我们在一片积雪上发现了它留下的新鲜足迹,沿着它的足迹,我们又追了好几里,终于在一条狭窄的兽径上,看到它可爱的模样——雪水把它浑身洗得洁净鲜亮,黑毛如漆,白毛似银,闪着富有生命力的光辉。

记者高兴得差点叫起来,我刚提起相机,谁知道熊猫扭头就跑,我们追呀追,它一会儿钻进竹丛,一会儿摇摇摆摆走到崖畔,像是在故意逗我们玩。后来，到了雪坡上，它凭着一身厚厚的皮毛，不怕竹枝扎，不怕乱石硌，像坐滑梯一样，一骨碌下了雪坡。我也跟着它“坐滑梯”，没料到一个趔趄，摔了一跤，一根锋利的竹尖刺中了我的眼角膜。当天晚上，我的眼睛肿得像只烂山桃。同志们为我上了药，但是疼痛折磨得我无法入睡。夜深了，我躺在野外观察站的帐篷里，听见风雪呼啸，林涛澎湃，我的心不禁又飞到了大熊猫的身边。我想起成都动物园那只叫瞎瞎的大熊猫。由于外伤，它已经双目失明，据推断，可能也是竹尖刺伤了眼角膜。可怜的瞎瞎，生活在永恒的黑夜之中。现在，我和瞎瞎简直是同病相怜了。是的，大熊猫对我来说，已经是同生死、共命运的亲密伙伴了。

几天以后，胡锦矗从险境中奇迹般地清醒过来。他与中外科考队员一道，经过数年的观察和缜密的科学研究，不仅发现了大熊猫的作息时间、发情期、雌雄个体心理和生理变化，还掌握了大熊猫在配种期间的强弱争斗，按获胜者依次有序地进行交配等鲜为人知的事情。

从密林深处走来，胡锦矗在世界大熊猫研究领域开创了四个第一：第一次摸清了四川大熊猫的资源；第一次发现了用熊猫的粪便可以了解熊猫群体的年龄结构；第一次发现了熊猫间的社会关系，其社会结构是以母兽为基础；第一次发现了熊猫的分布规律是朝向东南的迎风面。胡锦矗以此奠定了他在世界熊猫研究领域的权威地位。

胡锦矗的研究引起国际生物学界的密切注视。外国动物学家这样评价他的研究：由于中华人民共和国的支持，胡锦矗正在开拓未来最重要的、最振奋人心的野生动物保护研究的处女地。英、美、德、瑞士等地的记者和动物学家在访问了四姑娘山下的熊猫之乡后，连篇累牍地在报纸和学术刊物上发表文章，说对于熊猫的繁衍，保护网显然是重要的，但归根到底在保护中起作用的是人，而胡锦矗就是其中一个典范。胡锦矗不仅在中国，就是在世界,都是出类拔萃的博物学家,这样的人实属罕见。

胡锦矗出版专著18部(含与人合作著作),发表论文160多篇,获国家、省、部级奖10项。他的大熊猫生态生物学研究成果一直处于国际领先水平,被国际上公认为大熊猫生态生物学研究的奠基人。不仅如此,他的研究范围还广及环境评价、珍稀动物保护等领域,先后完成了国家和省级多项重要科研项目,取得了系列研究成果,为24个国家级和省级自然保护区的规划与建成、葛洲坝和二滩等国家特大型水电工程的环保方案和环保对策、大熊猫栖息地工程启动的论证与报批等提供了重要的科学依据。作为教师的胡锦矗还高质量地为国家培养了包括博士、硕士在内的各类专业人才数十名。他是“四川省科学界精神文明标兵”“全国优秀教师”“优秀研究生导师”等称号获得者。1986年,胡锦矗获得国家“有突出贡献的中青年专家”称号。

胡锦矗与科学工作者们的出色工作不仅使人们从稀有动物的角度认识了大熊猫,更从生态意义的角度,从大熊猫与人类社会休戚与共的关系中认识了大熊猫。有一年,大熊猫的主食箭竹在四川北部大面积开花死亡,大熊猫的生存再一次面临威胁,人们开展了大规模的抢救大熊猫的行动,范围后来扩及海外。

大熊猫们知道,胡锦矗是它们的朋友,人类会保护它们。卧龙自然保护区的大熊猫,基本不害怕人类,有时还会闹出一些让人哭笑不得的事来。比如,一个农民赶着自己的羊群回家,惊讶地发现有只大熊猫混在羊群中,一本正经地扮着“羊相”进了羊圈,肚子饿了的它混进羊群争食来了,小家伙在农民那里过了一夜,第二天才离去。

## 四

为了大熊猫,胡锦矗舍弃了许多原本应该拥有的东西:妻子临产的时候,胡锦矗没能守候在她身边,留下了很多遗憾;由于长年生活在深山密林,难得回一次家，每次敲开家门，望着小女儿一脸陌生的表情，胡锦矗无比的愧疚。为了让女儿了解爸爸工作的意义，胡锦矗让妻子带上女儿到卧龙，让女儿来认识大森林，认识比花儿更可爱的大熊猫。在卧龙，胡锦矗自豪地给女儿介绍那里特有的动植物，娓娓地讲述美丽的大熊猫一个又一个有趣的故事，如数家珍。女儿听了直说太美了，太美了！胡锦矗告诉女儿，这就是我们的国家，我们可爱的家园，我们有责任去保护它。女儿懂事地点点头，小小年龄的她多少有些了解自己的爸爸了。

从爱斑鸠的少年成长为世界知名的大熊猫研究专家，胡锦矗的一生倾注了对大自然、对大熊猫的爱。因为胡锦矗的出色工作，我们的国宝得到了有力的保护；大熊猫的存在，丰富了胡锦矗的人生内容。对大熊猫的爱，在胡锦矗看来，是同对祖国的爱连在一起的。爱祖国，爱祖国的一切，原本是不需要用言语来表白的情怀。

# 段虚谷：大美山川我与言

邓力　何卫东

段虚谷(1904—1977)，男，四川蓬溪人，画家、美术教育家，善书画，以中国山水画著称。1925年2月到1927年1月就读于成都四川美术专科学校。1927年2月到1928年1月就读于上海新华艺术学院学习中国画。1932年7月到1935年9月与人合办成都东方美术专科学校，担任校长，并担任中国山水画、篆刻等课教师。后任蓬溪民教馆馆长、蓬溪中学教导主任兼国文课教员等。1956年8月到1976年12月在西南师范学院美术系任教，教授中国画。

段虚谷

段虚谷的名字就是一幅空灵清幽的山水画。“虚谷”，当是深幽而宏大的意境，蕴藏的是乐山乐水的仁智情怀——这样说绝非无中生有或虚里生实。早在20世纪20年代，段虚谷先生即以山水画扬名，人称“段山水”。其画具有“平正典雅，清癯劲健，淡泊萧疏，意境高远”的独特风貌，著名美学家、艺术评论家王朝闻先生曾于20世纪60年代称赞他的画为“意境清幽”之作。

虽说清时有一位与任伯年、胡公寿、高邕之、顾鹤逸、吴昌硕、倪墨耕交厚的朱姓著名画家、高僧亦号虚谷，且以此号著称于画坛，但彼虚谷落笔冷隽、蹊径别开的画作，力均量匀地“分配”给了花卉、蔬果、禽鱼、山水。而此虚谷之绘事则主攻山水，稍及其余。

段虚谷先以画名，继之以办学、办书画社等，与同时期的其他同人一道，在蜀中开创了早期现代艺术教育和创作的一片崭新天地。如果说画由心生，他清幽的画意，是其寄托情怀与欢乐的背景和依凭；那么事由时促，他脚踏实地的创业，则是其回馈桑梓、报效故土的赤子之举。当这两者结合起来融为一体的时候，段虚谷先生便立体而生动地成为一段故事和一片风景。

其后来的艺术创作和传艺授业生涯，又将故事和风景化为了平实却悠远的足迹，从从容容地印在了缙云山下、嘉陵江岸。

## 东出夔门学艺归

段虚谷小的时候就聪颖过人，塾师曾对他的敏慧称赞有加。私塾里的读书生活，奠定了他厚实的传统文化基础，也磨炼了他吃苦勤奋的学习精神。及至进入新式学校，无论小学还是中学，其各科成绩均为优秀，而绘画和书法，则是他的最爱，他每每于课后和节假日，习练不辍。所谓“知之者不如好之者，好之者不如乐之者”，由喜好和勤奋打下的坚实根基，为其日后从艺埋下的必然是成功的伏笔。

1923年，段虚谷中学毕业。1925年，他考入成都四川美术专科学校，开始了专业学画的历程。1927年2月，段虚谷转入上海新华艺术学院学习，从此阔步跨入美好而多彩的艺术殿堂。

上海新华艺术学院成立于1926年，发起人为俞寄凡、潘天寿、张聿光、俞剑华、潘伯英、许开甫、谭抒真等，由潘天寿先生担保得以融资开办。学校初设国画、西画、音乐、艺术教育四系，1928年改名为新华艺术大学，次年秋改为新华艺术专科学校。1933年增设绘画研究科，朱屺瞻先生任主任。1937年校舍毁于日寇炮火，1941年底因拒绝向日伪注册登记而停办。

新华艺术专科学校人才荟萃，集一时之盛，先后延请有徐悲鸿、潘天寿、黄宾虹、颜文梁、徐朗西、关良、张充仁、丰子恺、朱天梵、王个簃、朱屺瞻等名家、大师在校任教。短短的十几年里，培养出了大批优秀的美术人才。

段虚谷先生进校时已经20余岁，当一介布衣青年，东出夔门直奔大上海而去的那一刻，段虚谷先生丝毫没有李太白“朝辞白帝彩云间”的豪迈，他知道自己将面临的是一个完全未知的陌生境地。好在段虚谷先生逢时顺运，虽然在蜀时已经有过较为系统的绘画学习经历，但大上海给他的冲击、名师对他的激励,让他产生了一种前所未有的动力和效力。面对如此难得的学习机会和条件,段虚谷倍加珍惜。潘天寿大师对他的悉心指导和深刻影响,使他的艺术创作有了质的飞跃,而与黄宾虹、丰子恺等先生的相熟相知,亦使他受益终身。

段虚谷先生把珍惜和动力,都倾注于他的山水画。有倾情的投入,有名师的教导,其画艺不断精进,其画名亦日盛,彼时即有了"段山水"的雅称。

大学毕业后,1928年春,段虚谷先生担任蓬溪县立大西街小学校长一学期,第二学期受聘于四川美术专科学校。1932年,段虚谷先生与冯建吴等在成都发起创办东方美术专科学校,为首任校长,兼授山水画课程。1935年离任后,又担任过中学美术教师、国文教师和教导主任诸职。抗战军兴,段虚谷先生与臧克家等文化名人一起参加战地服务团,以文艺为武器投身抗敌救亡运动。1944年,段虚谷先生因患胃疾从战地归来,任蓬溪县民众教育馆馆长。[①]同年,又与冯建吴等先生共同发起创建重庆国光书画社。1946年,任蓬溪县政府教育科科长。新中国成立之初,曾任蓬溪县城厢镇镇长,继任蓬溪中学教导主任兼美术老师。1956年,调往西南师范学院美术系,任国画教研室主任,授山水画、书法、四川美术史等课程,直到退休。

由以上简陈不难看出,段虚谷的人生经历,可以清晰地分为三大阶段。第一阶段为19岁以前,从出生到中学毕业,是为单纯的读书学习阶段;第二阶段为1923年到1955年,求学、任职的辗转与变动,是为多姿多彩,生机勃发的阶段;第三阶段为1956年至1977年,是为回归纯然,平实从容的阶段。

## 传艺授业育英才

自1928年起,段虚谷先生在小学、中学、大学,前后从教近半个世纪,虽然其间有过几次短暂离任,但用桃李满天下来形容,绝非虚言浮夸。

---

① 蓬溪县志编纂委员会.蓬溪县志[M].成都:四川辞书出版社,1995:808.

段虚谷先生年轻时颇值得一书的一件事，即与冯建吴先生等同人一起创建成都东方美术专科学校。

那是1932年，当时在四川美术专科学校任教的段虚谷先生与同为潘天寿先生弟子，从昌明艺专学成返乡的冯建吴先生等人一道，创办了成都东方美术专科学校。虽然东方美专不算川内最早成立的现代艺术学校，却是影响最大的艺术学校之一，在四川美术教育史上留下了重重的一笔。

段虚谷先生为学校首任校长，冯建吴先生为副校长兼国画系主任。办学之初，筚路蓝缕，从融资、延聘师资，到招生、管理，事无巨细，他们倾注了几乎全部的心血和精力。为经费和安全计，他们曾聘请时任四川省主席的刘文辉为校董事会主席。为教学质量计，他们除自己亲自授课外，还聘有一些知名画家为师，1932年，黄宾虹到校任教，更为学校增添了名声和质量的砝码。

为全方位提升学校的办学水平和影响，他们还创办了校刊《太阳在东方》。值得一提的是，该刊创刊号登有成都著名金石家龚熙台先生的文章《古玉考》，首次对三星堆出土的古玉作了介绍，具有极高的史料价值。

东方美术专科学校培养出了大批优秀的美术创作人才，甚至不乏开山立派之人。冯亚珩（石鲁）、李琼久等便是其中的佼佼者。

冯亚珩，为冯建吴先生胞弟。因敬重石涛和鲁迅，自名石鲁，后即以此名著称。据石鲁先生回忆，入东方美术专科学校的第一年，他默默学艺，埋头作画，极少参加别的活动，第二年除继续专心于国画之外，还静心阅读了大量中外书籍，极大地提高了自己的文化修养。东方美专三年的系统学习，为石鲁先生奠定了坚实的绘画基础，使其形成了基本的绘画风格，亦为他后来成为长安画派的创始人之一奠定了基础。

李琼久，乐山人，东方美专第一期学生，先习油画，后转国画。其画作粗中有细，石鲁称他“惜墨如命，动笔为魂”。前人早有“天下山水之胜在蜀，蜀之胜在嘉州，嘉州之胜在凌云寺”一说。李琼久既得东方美专之风，又享嘉州(即乐山)山水之胜,终成嘉州画派开宗之人。

石鲁、李琼久诸生,均曾直接受教、受惠于段虚谷先生,其笔下墨痕、画中境界,能无师者之影?其业内之实、界外之名,能无师者之功?

段虚谷先生桃李满天下,得其真传者多矣,然得段虚谷先生艺术之精髓者,无疑是其公子、著名山水画家、四川大学艺术学院的段七丁教授。

段七丁自幼即深得其父虚谷先生的影响和熏陶,并于冯建吴、徐无闻诸先生处受益良多,勤习苦练多年以后卓然成家。漆澜先生在《斯文一线留蜀中》一文中评价道:"先生家学渊远,眼法董正,早弃时学,远溯宋元,孤心苦诣,独僻西南。"①

如果用前文划分的三个阶段来述说段虚谷先生的生平,那么其在第三阶段呈现出的是作为一名普通高校教师的平实和认真。段虚谷先生调入西南师范学院后,担任国画教研室主任,承担山水画、书法和四川美术史等课的教学工作。

段虚谷先生的山水画,重视笔情墨趣、章法结构,以此为观照,他对当时的画界名流有自己的点评,例如,他认为吴昌硕的画比齐白石的画好,而齐白石本人的画85岁以前的比85岁以后的好。段虚谷的山水画创作绝不趋时附势,"段山水"中有大气磅礴的名山大川,更有充满诗韵雅情的小桥流水,却绝少当时的文艺思潮所强调的"生活气息",故而备受诟病。段虚谷先生极为看重这些所谓的"了无生活气息"的作品,认为意境所在,正是中国山水画的妙处所在,也是西洋画不及中国画的地方。段虚谷先生又是个善于向西方绘画艺术取经的人,针对自己造型能力的欠缺,他曾系统地学习过西方绘画理论,学习素描等西画技法,并成功地运用到自己的国画教学与创作中。

段虚谷先生教学既重规矩方圆——曾经亲力而为,细致地画成整套山水画范本,编著《山水画技法讲义》《四川美术史》等用于教学,树立起严谨踏

① 2008年12月31日,漆澜为"'山高水长,古今同趣'师生八人书画作品展"作序《斯文一线留蜀中》。

实的教学作风；又从不拘泥于教材讲义，多有联系实际的即兴发挥。他任教多年，自恃熟稔教材，不屑于照着讲稿面面俱到地满堂灌输，上有个性的课是他的追求。课堂上的他，常有即兴发挥，难免轻视备课笔记，曾为此受到批评，却深受学生欢迎。

## 桑梓山水在襟怀

西哲海德格尔曾说："诗人的天职是还乡，还乡使故土成为亲近本源之处。"还乡的意蕴绝非单纯的身体回还，更是一种思想的怀念。故土既是出发地，亦为归宿地。无论是古人贺知章的"少小离家老大回"，还是今人余光中的乡愁情结，抒发的是一个人的，也是所有人的家园情感寄托。

千百年来，巴蜀大地的嘉山胜水，滋养了无数文人墨客之情志意趣。川人远者如汉之司马相如、扬雄，唐之李白、陈子昂，宋之三苏，明之杨慎，等等；近者如巴金、郭沫若等。寄籍者如老杜、李义山、陆游等，亦倾情于斯，不逊川人。非特文人，画家更用画笔，摹山临水，寄情遣兴。远者且不论，近者如张善子、张大千昆仲，如冯建吴、石鲁昆仲，如陈子庄，等等，段虚谷先生亦为其中一员。

段虚谷先生自沪学成归来，前后从事了多种职业，但其投入最多者无疑是教育。办学、从教，当是一个知识分子、艺术家回报故土的最好选择。这且不论，他的故土情怀显明地体现在以下两个方面。

其一，他的画多以巴蜀尤其是家乡和嘉陵江、缙云山等地的景物为题材，此类画作是其用情用心用力最大者。如《四川天堑》《缙云绝顶》《北泉飞瀑》《野火烧不尽，春风吹又生》等佳作，深得业内人士称道和好评。而《青城烟雨》更引出了王朝闻先生对他的称许。其他作品如《竹石图》《春风杨柳万千条》《苍松图》等，亦融入了他无尽的乡土寄怀。

段虚谷先生的另一层故乡情愫，则体现在每于画作完成，多以"蓬溪虚谷”署名。虽说此一种署名法向不乏例，但段虚谷先生的坚持和执着实为其真性情的真切袒露。

其二，除画作寄情之外，段虚谷先生还把精力投入对家乡文物的关注和宣传上，尤其对被称为“东方仙画”的蓬溪宝梵寺壁画，倾注了极大的热忱。

宝梵寺始建于宋代，其大雄宝殿中有清代彩绘藻井画64幅。殿内四壁有彩绘壁画10幅，画佛教故事。东西两壁绘菩萨、尊者、护法、供养人像等。南壁为清代补绘道教人物。画面人物生动，颇为传神。其中《尊者补钉图》，所画尊者两眼圆睁，浓眉大眼，左手拈针，右手引线，神态逼肖，为蜀中明代壁画中的佳作。其清代道教壁画亦有较高的艺术价值。

但那时宝梵寺的知名度和保护力度远远不能与它的艺术价值相匹配。时任东方美专校长的段虚谷先生获知老友、四川三台人钟山隐在上海《美术生活》大型画刊当编辑，特致函邀请钟山隐先生访宝梵寺。钟山隐先生专程由沪赴川，与段虚谷先生同往拍摄多幅照片，返沪后以三色铜版彩印发行海内外，引起强烈反响。

此外，凡有机会，他必以东道主身份热情迎宾送友。

1933年，黄宾虹先生暑期得闲，段虚谷陪黄先生在川省一游。其时黄先生已年届古稀，兴致盎然不让青壮。他们到灌县（今都江堰市），逾龙泉驿，渡嘉陵江，下渠江，由合川返重庆，至秋凉黄宾虹先生方返沪。而此次游历的一个重点即为段虚谷先生家乡蓬溪县。《黄宾虹年谱》载，1933年“夏，美专暑假，乃取道川北归，在段虚谷与李凡丞的陪同下，六七月之际抵重庆……途中，偕同段虚谷、李凡丞至莲（蓬）溪考察宝梵寺壁画，宿段虚谷母亲娘家‘谢氏祠’”[①]。黄宾虹先生有画作《蓬溪道中》、诗作《蓬溪观古壁画》记其事。

丰子恺先生也于抗战中莅临蓬溪，寓居一月有余，段虚谷先生时有相陪并多次相偕赴宝梵寺观壁画。丰先生曾作《赠段虚谷》诗一首[②]：

---

① 王中秀.黄宾虹年谱[M].上海：上海书画出版社，2005：302-304.

② 四川省作家协会蓬溪创作基地.千年逸响：蓬溪诗词史略[M].北京：中央文献出版社，2008：30.

人间到处弄干戈，天地依然喜气多。
昨夜月明江水碧，今朝日暖鸟声和。

从诗中可以看出，在抗战的艰难困苦中，蓬溪小居的安宁、和谐、美好，带给丰先生的是一种难得的喜气和温暖。

20世纪60年代，段虚谷先生还与冯建吴先生、徐无闻先生一起，陪同谢稚柳先生、启功先生“巡游”重庆。

段虚谷先生存世的画作很少，世上偶有出现，必为慕名者争相传阅，欲重金购得，为己所有。要说理由，可从段虚谷先生作品精妙的构思、娴熟的技法方面去寻找，可从“段山水”所寄寓的人之为人的共有情怀中去发现，二者兼具的作品也许才是人们愿意亲近的吧。

# 徐无闻:永丰墨痕天下闻

邓力　何卫东　向黄

徐无闻(1931—1993),男,四川成都人。1954年毕业于四川大学中文系,分配至西南农学院马列教研室任教。1955年调入西南师范学院中文系工作。曾任四川省书法学会会长、四川省书法家协会副主席、西南师范大学古籍研究所副所长等职。主编《秦汉魏晋篆隶字形表》《东坡选集》《甲金篆隶大字典》等著作,整理清代学者杨守敬选编的历代碑刻图录《寰宇贞石图》等,并在《文史杂志》《美术之友》《文物》《中国书法》等期刊上发表文章多篇。

徐无闻

徐无闻先生曾以孙过庭《书谱》中的一句话“古不乖时,今不同弊”制成一方印,边款题为:“此八字是吾箴,行无惑,必有成。”徐先生遵从的是德艺俱进,从某种意义上说,这八个字,正是他艺术人生的如实写照。

徐无闻先生去世后,启功先生为其著作集撰有一则序言,文章不长,兹抄录如下:

> 孔子曰:“智者动,仁者静;智者乐,仁者寿。”吾友徐无闻先生博通训诂及金石文字之学,执教于蜀中高等学校,诲人不倦,学人共仰之,且信必寿也。讵知竟以顽症而不得延其天年。岂圣语之无凭耶,医术之不效耶,抑人事之不平损其乐而及其寿耶?乃知世道有待而和平,科学有待而昌明也。
>
> 无闻先生讳永年,字嘉龄,以耳病失聪,自号无闻。教授于西南师范大学,著述甚富。于古文字之考辨,造诣尤邃。暇则挥毫作书,古、篆、楷、行,罔不精工。其篆法深稳,独得渊穆之度。出其绪

余，施于铁笔。印学自邓完白、吴让之以下，日趋于躁，更下至以毁瓦画墁相矜尚。虽时世以同文尊秦法，而刻石铭功，铸印示信之法，则荡然无复遗存。先生篆书不减王虚舟、钱十兰，而治印则远绍吾子行，近迈王福庵，其学识有所不同也。

学友刘石博士，曾受业于先生，数年前北游首都，时相谈艺者有年。言及先生人品学问，常掩泪而述之。夫浩劫之时，学校中莫不以鞭挞师长相煽惑，十年之后，竟有师友之谊相感不啻骨肉者，于以征先生教泽之深且远矣。

不佞自一九六三年于役重庆，于西南师范学院初识先生，而谈艺论学，有如夙契。其后以燕蜀路遥，非学术会议不恒相晤。计平生会面，仅三四度。每于刊物中见先生之文章翰墨以及篆刻印蜕，俱不啻有剪烛夜话之乐，忽闻其久病不克治，又不啻生平久要之情，为之深哀而痛惜也。

今闻其及门诸友裒辑先生论学及书艺篆刻遗作为集，下征一言，谨述所怀，以告世之读先生之书者，知其人然后知其学也。先生生于一九三一年，卒于一九九三年，年仅六十二岁。知动静之训，未尽足征，不独太史公之慨夫“天道无亲，常与善人”之说盖有不必然者也！[①]

启功于文中通篇贯穿述、评、思、惜四重意绪和情感，真切感人。是的，62岁对于书家和学者而言，正是大好的黄金年龄，徐先生竟撒手归西，能不使人痛惜？好在那留下的一方方印、一幅幅字、一篇篇文、一部部书、一首首诗、一张张画与他的人品学问一起，使徐先生真正得以“永年”。

① 启功.《徐无闻先生著作集》序[M]//启功.启功书法丛论.北京：文物出版社，2003：125.

## 少小习艺承真传,慧心巧手铺坦途

徐无闻,名永年,字嘉龄,室号守墨居、烛明室。30岁后因耳疾自号无闻。为此,徐无闻先生曾有过一小段文字表明其意:“一是记实,二是明志,自今以后默然无闻,永谢浮名。此外亦有懒得听闲话、管闲事之意。”①

徐无闻先生于1931年农历十月五日出生于四川成都通顺街一个书香之家。曾祖父、祖父皆做过四川布政使署书吏,祖父同时兼做私塾先生。父亲徐寿,字益生,号鸿冥,“其学博,兼儒释经史外,金石书画皆研贯,工考古,善诗文、书法篆刻”(周虚白《徐君益生墓志铭》)。徐无闻的父亲虽无功名,却于16岁起即自谋生路,曾做过旧军队的录事、书记、咨议,文殊院的国文教师,亦任过川南好几个县政府的科长、秘书、局长等职,还当过银行职员。他与当时名流贤达过往密切,所见益广。1948年失业,靠写字刻印等的收入持家。徐父虽无显位粗财,却因固守清贫,精于书法篆刻、古玩鉴赏等而名扬川西,在成都更有不少相知相契者。

徐无闻先生的启蒙教育由其母亲崔端卿亲授。崔家为安徽地方大家族,世代书香门第。徐母生于南京,幼时随父母入川。其祖父曾任贵州绥阳知县,父亲清末留学日本法政大学,回国后任四川邻水县知县,上任方一年即遇革命,逃往成都,置田30余亩维持生计。徐无闻先生3岁时,徐母即教其识字,并每每于闲时讲述古代历史故事,使他从小对中国历史和古典文学产生了浓厚兴趣。7岁时,父亲接手教子,从书法入手,先授习欧书。12岁兼习《峄山碑》《九成宫》《石鼓文》《三坟记》等,并授其操刀治印之法。14岁起,得多位名师指导。据徐父的朋友兼学生文殊院方丈宽霖法师回忆,“他们(指徐寿、周虚白、李璠等同好时贤)爱在望江楼、杜甫草堂茗茶品艺。老师就带着永年一起去,他也就侍立在旁,听先生们的谈天说地”②。耳濡目染,得其所得。而正式从师,则先有学者、诗人、书法家周虚白先生授中国历

① 何应辉,向黄.二十世纪四川书法名家研究丛书.徐无闻卷[M].成都:四川美术出版社,2010:6-7.

② 何应辉,向黄.二十世纪四川书法名家研究丛书.徐无闻卷[M].成都:四川美术出版社,2010:4.

史和古典文学。约两到三年的时间里，每周均往周家，在周先生的指导下读《文选》《史记》等，亦对《诗经》《资治通鉴》等着意学习、钻研。李璠先生也时有指导，使其受益良多。次拜有“西南第一印”之称的成都人周菊吾先生，被沙孟海先生称道为“世间不可无易均室”的金石大家易均室先生为师。两位先生对徐无闻的成长起到了巨大的推动作用。其中拜易均室先生为师实属机缘巧合：15岁那年，他与印学家、原湖北图书馆馆长、四川大学教授易均室先生在成都的一家旧书店相识，因其好学，被易均室延至家中，纳为弟子，教授篆书、印学史。

有严格、高水平的家教庭训，加以兴趣，徐无闻从此在书法、篆刻、古文的大道上阔步前行。这既是徐无闻先生的优势，也成了他的一个弱点。1939年入学读小学，先后就学于力田小学和省立成都实验小学；1944年小学毕业考入成都县立中学初中。中学期间，徐无闻先生表现出了明显的偏科倾向，国文、历史学得既兴味盎然，又成效显著，别的科目则乏善可陈。1948年升入本校高中，后转入私立天府中学续读。于1950年秋，考入成华大学中文系。

成华大学原为上海光华大学于抗战时期设立于成都的“私立光华大学”。抗战胜利后，光华大学将成都分部移交给四川地方人士接办，更名为“私立成华大学”。1952年院系大调整时，成华大学经济、财政类专业在原址与其他院校相关专业合并组建四川财经学院，后扩升为西南财经大学，中文等专业则并入四川大学。

大学期间，“永年对课堂教学很不满意，便常常去敲老师的门。只要他佩服的，无论名气大小、地位高低一样请教。老师们也不无（无不）喜爱这位才华出众、一心向学的学生”①。1954年秋，徐无闻先生大学毕业，被分配至西南农学院马列主义教研室工作，次年调入西南师范学院中文系古典文学教研室任教。

① 何应辉，向黄．二十世纪四川书法名家研究丛书．徐无闻卷［M］．成都：四川美术出版社，2010：5.

工作的最初几年里,徐无闻先生也曾有过青年人的朝气蓬勃,因表现突出,1957年作为四川省共青团的代表,参加了全国团代会,受到毛泽东等党和国家领导人接见。其后或许是身体原因,他更多地把精力放在了教学、学术研究和书法、篆刻艺术上,在西南师范大学中文系从教的近三十年时间里,徐无闻先生一步一个脚印,用心教书、专心学问、精心书艺,佳绩连连。

教学上的徐先生,是一位师德、师艺俱佳的良师,他的学生包括在校本科生、研究生和社会爱好者。无论对哪类学生,他皆尽心传道、授业、解惑,深得学生敬重和爱戴。

学问中的徐先生,是一位深广兼具的通人,于古典文学、文字学、书法篆刻理论、艺术鉴赏、辞书编辑等方向皆有精当的研究,深得学界认可和好评。

艺术实践里的徐先生,更是一位得道高手,举凡书法、篆刻、绘画、诗词等创作,无不驾轻就熟,艺境高妙,深得各界的喜爱和赞赏。

徐无闻先生长期担任西南师范大学中文系古典文学教研室主任,在任中国古典文学唐宋文学方向研究生导师的同时,还是书法、篆刻硕士点的学科带头人。其他头衔包括中国作家协会会员、中国书法家协会理事、中国书法家协会篆刻评审委员、西泠印社社员、四川省书法家协会副主席、四川省书学学会副会长、四川文史馆馆员、四川省文联常务委员、重庆印社名誉社长、《汉语大字典》编委等。每一头衔皆非虚名,既由扎扎实实的工作造就,也由实实在在的成绩赋予。

## 为学为艺先为人,敬师敬道得敬佩

徐无闻先生是教师,但他首先把自己定位为不断学习、终身学习的"学"者。一以贯之地虚心求学、敬师重道,是他做事实、为人诚的品质表现。

除前述受教业师之外,徐先生曾面聆教益的前辈尚有郭绍虞、沈尹默、潘伯鹰、吴则虞、沙孟海、启功等大家。经易均室先生引介,徐无闻而立之后拜温州篆刻大家方介堪先生为师。此外,还与诸如冯建吴、苏葆桢、段虚谷、李际科、欧阳中石、林乾良、孙其峰、马国权、刘正成等师友辈书画名家过从甚密。

在跟从良师学习，或在与友辈切磋的过程中，徐无闻先生的虚心好学，为他赢得了为人上的赞誉，更让他取得了为艺上的成绩。让人感佩至深的则是他的尊师表现。

拜方介堪先生为师后，师生书函往来近二十年。方先生对这位后学甚为看重，除精心指导外，还先后亲手为徐无闻治印十余方。方介堪先生76岁生日时，还为徐无闻刻有一方朱文印，边款题为："无闻老弟留念，丙辰九月二十八日也，七十六叟方介堪生日作此为赠。"足见方介堪先生对徐无闻的厚爱和器重。1981年，年届50的徐无闻亦成书法、篆刻名家，感念方介堪先生的厚重师情，曾专程赴温州拜谒先生，补办拜师仪式，行弟子礼。

"文化大革命"中，周菊吾先生受到迫害，临终前，徐无闻先生不顾自己的安危，赶赴蓉城看望老师。周先生见学生此时来到病榻前，感动得老泪纵横。1988年，为出版《周菊吾印存》，"搜罗印章、拓制边款、联系出版、约请方介堪题笺等，皆徐先生一力承担，其笃于师生之情，令人感佩"[①]。"……菊吾先生'文革'中去世，所藏井田砚、荇翁砚悉被抄没，流落他方；'文革'后，徐无闻奔走上下，终于将两砚索还，亲手交给师母，此事在老辈中传为美谈。"[②]

徐无闻先生得易均室先生教益最多，他在《纪念篆刻家易均室》一文中深情地回忆起向易先生请教的那段美好的时光，"他凡是谈到篆刻的时候，源流派别，印林掌故，总是滔滔不尽，如数家珍，令人听着醰然有味。今天追忆起来，已是再也无法听到的广陵散了"[③]。他说："我从易先生学二十年，得益最多。"易均室先生对这位学生的好学与勤奋十分满意。1948年，他请徐无闻给他新制的蓝印本《稆园论画绝句》作跋，当时徐无闻年仅17岁。次年，易均室先生又请他为唐源邺所制之《沧浪一舸》补刻《碧山南浦词》。

① 王家葵.近代印坛点将录[M].济南：山东画报出版社，2008：375-376.

② 王家葵.近代印坛点将录[M].济南：山东画报出版社，2008：378.

③ 徐无闻.纪念篆刻家易均室[M]//西泠印社.印学论丛.杭州：西泠印社，1987：243.

1954年,大学毕业前夕,为谢师恩,徐无闻精心刻制“稆园游艺”一印。在边款中记录了彼时的心情:“(永)年猥以末技,获承清诲,迄今七年,收益实多。念今夏毕业大学,且辞家远游,求如往日之追陪杖履,谅亦难已。乃亟刻此报命,自惭丑拙不堪,贮之静耦轩中,傥有观者,请勿以工拙论也。”十年浩劫中,易均室先生惨遭摧辱,他几十年积蓄的文物典籍、书画篆刻,被抄掠一空,他的十余种手稿、大量的明清书画和旧拓碑帖被焚于寓舍中,余烬至次日犹热不可进。1967年,他费了许多周折找回了被抄走的大多数藏印。“我那时在成都,感到物之聚散无常,应及时辑拓,方不负先生珍重一代篆刻艺术的苦心。于是穷半月之力,为先生钤拓了三部,共二十四家刻印一百六十方,仍署名为《稆园印鲭》。”①后来易均室先生又遭到冲击,于1968年3月逝世,终年83岁。“先生逝后,我助易师母清理残余,仅有《朝侯小子残石跋》、《西门豹碑考》等四五篇和少数诗词稿了。”②

1963年夏,学校推荐徐无闻去上海,从郭绍虞先生学习古代文论。“因襟兄黄清华之介,两次谒见沈老,请教书法。”③又经吴宓先生介绍,向潘伯鹰请教文学艺术,潘伯鹰送他一册《长征印谱》。此次上海之行对徐无闻影响极大。他说:“三十几年来,我请教过的前辈中,沈尹默先生给我的印象最深。请教的时间不长,受益很大,久久不忘。”④沈老对笔法的研究与实践,给徐无闻留下了深刻印象。1965年,沈先生还曾寄赠宣纸特印本《历代名家学书经验谈辑要释义》一册给徐无闻。徐先生把对沈先生的感念化为筹划出版《沈尹默先生入蜀词墨迹》的具体运作中,不但供稿、释文,亦为出版事宜亲力亲为,是书由巴蜀书社于1985年出版。

1983年,徐无闻经沙孟海的介绍,参加了西泠印社。沙孟海在给徐无闻的信中说:“平生不过问人事,然今愿主动介绍二人入西泠印社。”沙先生还

① 徐无闻.纪念篆刻家易均室[M]//西泠印社.印学论丛.杭州:西泠印社,1987:243.

② 徐无闻.纪念篆刻家易均室[M]//西泠印社.印学论丛.杭州:西泠印社,1987:239.

③ 徐无闻.《沈尹默先生入蜀词墨迹》跋[M]//徐无闻.徐无闻论文集.北京:文物出版社,2003:389.

④ 徐无闻.记从沈尹墨老人学书法[M]//徐无闻.徐无闻论文集.北京:文物出版社,2003:338.

多方面给予徐先生教诲，徐无闻在给林乾良的信中说，“老先生于弟甚有知遇之恩。去岁得他小楷230字，直珍逾球璧矣”[①]，对沙先生的敬意和感念溢于言表。

徐先生的所作所为，也深深地感染着朋辈和后学。

朋辈中，西泠印社资深社员、浙江大学教授林乾良先生写有一篇怀念徐无闻的文章，开篇深情地写道：

> 当我提笔想写四川的老友徐无闻时，一阵心酸，难以下笔。忽然想起，他的讣告刚从重庆寄来时，我也是这样激动，当然是更厉害了。那天晚上我一个人在书房里，边抹眼泪边写稿，内子还以为发生了什么事，吓了一大跳。她也不敢睡，到我夜深回房时她也不敢吱声。第二天早上看我没什么异常，才敢问我是怎么回事。[②]

情动如许，绝非虚夸。

徐无闻先生的弟子们不但在学业和技艺方面得其真传，更在做人方面对老师充满敬意和感佩，前文引述的启功先生的文章中有一段话就是最好说明：

> 学友刘石博士，曾受业于先生，数年前北游首都，时相谈艺者有年。言及先生人品学问，常掩泪而述之。夫浩劫之时，学校中莫不以鞭挞师长相煽惑，十年之后，竟有师友之谊相感不啻骨肉者，于以征先生教泽之深且远矣。

徐无闻的学生回忆道：

> 20世纪80年代中期，我在一个乡村中学当老师。由于我喜欢

① 林乾良．西泠群星［M］．杭州：西泠印社，2000：272．
② 林乾良．西泠群星［M］．杭州：西泠印社，2000：270．

篆刻,一个偶然的机会,我将几件习作托人带给徐先生指点。之后,就和先生熟悉了起来。

1990年开始,我每周四坚持去西师听先生的篆刻课,有时候在周六晚上还到他家去单独请教,在一年多的时间里,不但从先生那里学到了丰富的知识,更体会到了先生严谨治学的作风和对学生宽严相济的关怀之情。

先生学识渊博,但从不故弄玄虚,再深奥的问题,他都能用最浅显、最直白的语言表达出来。他爱学生,生怕学生没有学到、没有学好。先生听力不好,但每次他给你讲完一个问题,都会很专注地看着你,他会从你的表情里看出你理解了没有,理解了多少,甚至会猜出你心中的疑惑。

徐无闻先生去世之后,爱戴他的人们用不同的方式来纪念他。1994年,西南师范大学举办了"徐无闻先生周年忌辰遗作展览";1995年,四川省书法家协会举办了"徐无闻先生书法篆刻遗作展览",四川省书学学会举办了"徐无闻先生书法篆刻学术研讨会";1996年,四川省书法家协会、四川省书学学会联合印制了《徐无闻书法篆刻艺术思想研究专集》;1999年,重庆书法家协会举办了"徐无闻先生书法篆刻师生作品展览",并给他颁发了"重庆书法艺术贡献奖";同时,还有很多散见于全国各地报纸、杂志、网络的纪念文字。

## 融会贯通才艺绝,诗书画艺学养厚

徐无闻先生曾于1983年写有一篇介绍冯建吴先生艺术成就的文章《通会之际,人书俱老——冯建吴的书法篆刻》,于结尾处写道:

孙过庭说:"苟知其术,适可兼通。"冯先生的艺术实践便是很好的证明。他在半个世纪以上的岁月中,精勤不懈地攻治诗、书、画、印，学而不厌，诲人不倦，几经坎坷而志不少衰，终于掌握了几门艺术的共同规律和特点，相互挹注而各有创获。[①]

其实这也完全可以看作徐无闻先生的自况。

徐无闻先生最为人所称道的是书法、篆刻艺术。其家学根底深厚，又得诸大家真传，兼以聪颖、勤奋，形成了大气典雅、格高气厚、刚健清新、醇厚中和的艺术风格。上海书画出版社所编的《简明书法辞典》，自仓颉而下到当代，共收录572位书法家入典，徐先生荣列其中，辞典中评述他“对甲骨文、春秋战国文字深有研究，擅以中山王器文字入书，风格奇丽”[②]。

林乾良评价徐无闻的书法：“兼备诸体，上从大、小篆与隶书，下至真、魏、行、草，无不精工。因为自幼习欧体，所以诸体书又有一个共性，即讲究运笔之挺劲与间架之工稳，其一种清刚秀润之致感人至深。启功先生对其篆书特别称赞，他认为‘其篆法深稳，独得渊穆之度’。据我所知，他是以中山王器文字入书的第一人。所书中山王器集联‘勤旧学不懈夙夜，辟新知时有见闻’，为多种书刊所引用，作为典型的范例。”[③]

何应辉先生认为其“玉箸篆可与清人并驾，在当代全国则独领风骚。其融会甲骨、秦篆之法，所书中山王器文字，风神韵度之清超挺质，书坛亦无出其右者”[④]。

他于篆刻着力甚勤，有过多篇专论和多首诗作议论和表达对篆刻的情感和认知。其中写于1991年的《辛未岁自题印稿》一诗可证：

莫谓雕虫计，唯凭石与刀。
植根在篆籀，润泽赖诗骚。

① 徐无闻.徐无闻论文集[M].北京：文物出版社，2003：354-355.
② 上海书画出版社.简明书法辞典[M].上海：上海书画出版社，2004：110.
③ 林乾良.西泠群星[M].杭州：西泠印社，2000：275.
④ 何应辉，向黄.二十世纪四川书法名家研究丛书.徐无闻卷[M].成都：四川美术出版社，2010：27.

立意不徇俗,风规自可高。
白头争寸进,休负此生劳。

徐无闻先生的篆刻作品深受人们喜爱并得方家嘉评甚高。启功先生认为“先生(徐无闻)篆书不减王虚舟、钱十兰,而治印则远绍吾子行,近迈王福庵,其学识有所不同也”[①]。马国权先生在《近代印人传》中论道:“其印典雅平正,力求印从书出,选字布局,极意经营,拟古玺、汉印及明清印派等品式,皆风格各具,绝不曲趋俗好,雍容隽逸,卓然大家。”[②]

徐无闻还如清代赵之谦一样,常常把新见到的文字不失时机地引入书法与篆刻创作中。20世纪70年代,战国中山王器出土,器物上诡异而又奇丽的文字形体和笔法、刀法引起了他的注意,他在结合甲骨文、秦篆的基础上写出了中山王器文字书法、刻出了中山王器文字印,在全国引起了极大的反响。韩天衡先生评价其对当代印坛的贡献说:“试想,被誉为印坛出新骁将的赵之谦,其出新特征正是敏颖地将彼时过目的某些特别的新出土文字,成功地引进到印坛中来。因此,无闻兄在这方面成功的引进,其作为当与悲盦异曲同工,是足以名入印史功臣榜的。”[③]

徐无闻的诗、画亦有相当成就。其诗主要有抒怀、论艺两大类别,显示出意境清远、属对贴切、论说生动的特色。抒怀诗,无论是因耳疾而自名无闻时所作的七律,如《偶成》:

门外大江流日夜,窗前竹树暗葱茏。
乡愁尽付深杯里,世事都来浅笑中。
手倦犹难纠字拙,身闲岂可望诗工。
关情最是巴台月,潋滟金波泻碧空。

① 启功.《徐无闻先生著作集》序[M]//启功.启功书法丛论.北京:文物出版社,2003:125.

② 马国权.近代印人传[M].上海:上海书画出版社,1998:523.

③ 韩天衡.《徐无闻印谱》序[M]//徐无闻印存.杭州:西泠印社,2000:3.

还是行旅感怀的口占绝句，如以下五首：

历下亭边步为迟，枯皴老干出新枝。
龙钟莫笑风流尽，曾见渔洋觅句时。

白墙红瓦间槐杨，极目天边麦渐黄。
闻道车经高密县，何人知是郑公乡。

海天无际涌琼台，五载蓬莱两度来。
莫向神前祈海市，千秋只应东坡才。

今朝无复汴东流，盛老重兴古樊楼。
想见笙歌喧月夜，官家书画擅中州。

安阳幸遇主人贤，名画法书得纵观。
倾盖多缘金石契，明朝村又阻云山。

又或者是古风习习的人生感悟二十八首，如：

学业期有成，寸阴岂不竞。
人生过隙驹，多暇真可病。

法权流毒深，势利相奔竞。
交友得素心，率真乃无病。

谬学雕虫技，无心与世竞。
求者叩门时，游戏翻作病。

书画真我癖，不与富家竞。
苟得遇赏心，粗粝非无病。

乃至弥留之际的绝笔《临终作》[1]两首:

微命如丝系水浆,针穿手脉乍流凉。
床头铁架玻瓶挂,僵卧愁看滴漏长。

病床深宵无语时,父子相依痛自知。
国手明朝商妙计,山城灯火夜何其。

无不是真性情、高境界的自然真切流露。

论艺诗,则是他艺术思想、艺术观点和技法阐述的形象生动表达。如关于书法的诗:

与学者书

退笔如山未足珍,读书万卷始通神。
坡公此语真三昧,不创新时自创新。

题谢无量自书诗卷

心手相忘意自仙,啬翁诗卷蕴金丹。
世人苦被虚名误,笔不生风画虎难。

关于篆刻,除上文已引的《辛未岁自题印稿》外,还有:

戊辰试石偶作

夜中不能寐,起弄石与刀。
篆刻虽小道,成赖积年劳。
虚名误学子,炫世徒皮毛。

① 滕伟明,周啸天.当代中华诗词集成.四川卷(上)[M].成都:四川文艺出版社,2018:546.

游艺不徇俗，风格斯可高。

峨峨丁钝老，千载仰清标。

**说印一首步赵撝叔原韵**

五十稍稍知笔墨，只缘世务疏刀石。

妃红俪白不必传，中有至味可忘言。

阳刚阴柔美俱可，偏尊吴齐无乃左。

一曲高山犹能弹，稆翁永逝知音难。

近世作家可数人，赵方王李唐乔陈。

沙钱周韩亦足载，余子纷纷多自大。

童年摹印更学书，油灯欲尽四更初。

抄掠不改膏肓癖，骈枝在掌焉能割。

明交多有嗜痂徒，为我拓墨复钤朱。

徐无闻先生除书法、篆刻、诗词之外，还善作画，他的画是典型的文人画，以气韵、意境取胜，亦颇见功力。徐先生自小喜欢画事，见多识广，工作后又与同事苏葆桢、梁白云等画家交往甚厚，所画墨竹，笔法生动，繁而不乱，颇有宋代墨竹大师文同之神韵。他曾有《题自画竹》："画竹颇亦难，笔常与心左。潇洒出风尘，我思文与可。"他相信自己若干年后绘画水平会有极大提高，认为人们所喜欢的将不只是他的书法，还有他的国画。可惜天不假年，徐先生正当绘画技艺精进时，却撒手人寰，人们再也无缘见他人世泼墨、写竹画兰了。

才情、勤奋、师承，是徐先生获得如此显著艺术成就的基础；而学养深厚、学识通达，则是他能有如此高妙艺术境界的前提。中国传统艺术讲究三分技法七分修养，徐先生则将人生修养和学识修养紧密结合起来，并贯穿于他的艺术实践中，互为表里。

作为学者的徐无闻,在唐宋文学、文字学、书法篆刻理论等多个领域留下了坚实的足迹并取得了不俗的成绩。他先后担任《汉语大字典》编委,参与《汉语古文字字形表》编写工作,主编《秦汉魏晋篆隶字形表》《甲金篆隶大字典》,与曹慕樊教授共同主编《东坡选集》,与欧阳中石教授共同主编高等院校教学用书《书法教程》及《书法教学参考资料》,另有《徐无闻书法集》《徐无闻印存》《徐无闻论文集》《徐无闻临中山王譽鼎》等著作刊行。

## 倾情授业与传艺,心存淡泊境自高

徐先生仿佛一辆加足马力高速行驶的列车,在教育教学中、在艺术世界里、在学术大道上,穿梭前行,没有须臾停歇。但这一切,丝毫也没有抹去他心中对淡泊平和境界的追求。

他曾经设想过自己的退休生活:卜居山明水秀之地,两间茅屋,三餐粗饭,一点小酒,写字作画,闭门著书……1991年11月,徐无闻60岁,他所憧憬的退休生活即将开始时,作为两个硕士学位点的学术带头人,他收到了高级专家延长离退休年龄的通知,其退休时间延至1993年12月。这两年里会发生什么,没人去设想,徐先生本人却知道,他自己的身体一直不好,大学二年级填写的个人简历表,健康状况一栏中,青春年少的他填的三个字就是“不甚好”,焚膏继晷,兀兀穷年的教学研究工作,更使得“不甚好”的身体雪上加霜。然而事业让他停不下来,学生的期待让他闲不下来。1993年初春,徐先生住进医院,他在给天津画家孙其峰的信里说道:“二月二十五日,忽腹内绞痛,不可忍,次日就诊于附近成都铁路中心医院,经照片会诊为肠粘连梗阻。十八日开刀破腹,切除坏死肠三尺。手术历时五小时,失血甚多。幸赖医师尽力,亲友关怀,术后尚无差池,于三月六日出院,在家疗养。还须二三月,方能完全恢复。拟四月中旬,返北碚西师,尚有学生等着上课。”①

① 何应辉,向黄.二十世纪四川书法名家研究丛书.徐无闻卷[M].成都:四川美术出版社,2010:30.

徐无闻先生于四月底赶回学校。那天上课时，突然觉得眩晕不适，被直接从讲台上送去了医院。临走还对学生们说："等出院了，我要给你们补课。"可这一次徐先生的承诺没能兑现，他永远离开了讲台。卜居于山明水秀的地方以娱晚年的憧憬，终究无法实现了。

但是，徐先生的贡献一定会永远地被大写在青山绿水之间。

《中国书法年鉴》中评价道：

正是徐无闻先生教育思想、道德文章的垂范，以及秦效侃、荀运昌两位先生的鼎力相助，使西南师范大学书法硕士研究生教育取得了骄人的成就……以中国传统文化为背景，在书法艺术教育中崇尚书法的文化品位，构成了西南师范大学书法硕士研究生教育中文化性格的主格调。比如以学问养艺术，寻求书外功夫；注重人格修炼与自我完善，提倡个体精神的发掘与中国传统文化精神的张扬；以传统文化中的文史为根基，以与之相近的诗文、绘画为参照，来研究、探求中国书法艺术的文化性格等等。①

潘善助先生在《关于当代书法教育的考察》一文中指出：

当代书法教育虽然历史不长，但也涌现出了一定数量的书法教育家……第二代书法教育家是20世纪80年代书法艺术全面复兴，书法教育得到进一步重视和发展的时候涌现出来的。这一代书法教育家已从杭州扩展到北京、南京、重庆等地。代表人物陈大羽、刘江、章祖安、欧阳中石、徐无闻和尉天池等。……陈大羽和徐无闻本不以书法为业，但都极有造诣，他们为了书法人才培养的需要，毅然投入了书法教育的工作，用自己的气质修养、知识结构和长者风范成功地培养了书法研究生。在第二代书法教育家身上，

① 倪文东.中国书法年鉴.2001年卷[M].南宁：广西美术出版社，2006：284.

高等书法教育出现了美术学院(包括艺术学院)和师范大学的两种不同模式,这也是第二代书法教育家的贡献所在。①

刘正成先生在《看图说话——我与书法二十年(32)俏也不争春》中说道:

> 谈到中国当代书法教育的时候,也要记住徐无闻先生在重庆西南师大中文系开创的书法硕士教育。徐先生和欧阳先生习性很近,关系也不错,也是在中文系搞书法教育的。他到北京来,总要与欧阳先生磋商书法教育之事,我也从徐先生口中听到过关于由中国书协来协调全国高等院校书法教育之建议。……可惜他英年早逝,否则,当代书法教育在这些热心联络共举的教授们的努力下,会有更新的气象。②

徐无闻先生的成就无疑是巨大的,他在教育教学中、在艺术世界里、在学术大道上,穿梭前行,没有须臾停歇。但这一切,丝毫也没有抹去他心中淡泊平和的境界追求,他心中固守着那份淡泊与恬静,生活在现实之中的徐先生也因此能够淡名利远权势。也许,先生与“利”最直接的一次关系,便是他题写的小篆“鼠年”二字,被上海造币厂用在了1996年的生肖纪念章上,那两个字即使刻在金色的纪念章上,呈现出来的也是一派宁静安详的气韵。

徐无闻在六十余年的生命历程中,为世人留下了一笔宝贵的精神财富。正如一位学人所评:“徐先生像是一座山,远看起来平平常常,当你慢慢走近他,你才发现他越来越高大,越来越深不可测。”③

---

① 潘善助.关于当代书法教育的考察[M]//中国教育学会书法教育专业委员会.师范院校书法教程.天津:天津古籍出版社,2008:276-277.

② 刘正成.看图说话——我与书法二十年(32)俏也不争春[EB/OL].(2003-03-20)[2025-1-17].http://www.zgsf.com.cn/forum.php? mod=viewthread&tid=12169&highlight=%E6%88%91%E4%B8%8E%E4%B9%A6%E6%B3%95%E4%BA%8C%E5%8D%81%E5%B9%B4.

③ 何应辉,向黄.二十世纪四川书法名家研究丛书.徐无闻卷[M].成都:四川美术出版社,2010:31.

# 徐德庵：教泽深远，功在后学①

杨程程

徐德庵(1902—1984)，男，原名徐秉文，山东临朐人。1926年毕业于武昌高等师范(武汉大学前身)，1927—1949年底先后在山东第三师范学校、曲阜师范学校、华西大学、重庆大学、相辉学院等校任教。后因相辉学院改组，徐德庵于1950年被派至西南师范学院工作，长期从事文字、音韵、训诂、语法、方言词汇的教学和研究。

徐德庵

徐德庵教授一生从事古汉语教学和研究工作。②在教学方面，他始终秉持着认真负责的态度。古汉语学习难度较大，为了让同学们牢固掌握古汉语知识，他经常深入学生中听取意见；上课时，遇到内容艰深的地方，也总是想办法讲得深入浅出、明白易懂。长期的教学工作让徐德庵深感古汉语的语法研究与实际应用严重脱节，而学生学习古代汉语的主要目的就是培养阅读古文的能力。因此，徐德庵认为，要提高高校文科高年级学生文言文的阅读能力，古汉语教学必须多抓语法，就像中学的语文教学必须多抓词汇一样。但是单纯地讲授语法理论或是作品都无法达到目的，为此，徐德庵编写了《古汉语语法》和《古文语法分析百篇》等讲义，通过作品来讲解古汉语语法理论和进行语法分析，帮助学生学习古汉语语法。在《古文语法分析百篇》里，他一共选择了一百篇历代散文作品，对其中的所有语法现象都一一

① 本文主要资料来源于西南大学档案馆馆藏徐德庵的人事档案。徐德庵《干部档案》正本，编号SW1006-015，内中是徐德庵先生个人在各个时期所填写的表格、履历、个人历史自述以及其他有关调查资料等文档。文中凡采自档案材料者，不再出注。

② 本文主要资料来源于西南大学档案馆馆藏徐德庵的人事档案。徐德庵《干部档案》正本，编号SW1006-015，内中是徐德庵先生个人在各个时期所填写的表格、履历、个人历史自述以及其他有关调查资料等文档。文中凡采自档案材料者，不再出注。

进行了分析。在徐德庵的悉心教导下，他的学生八成以上的考试成绩都达到了优良水平。因为在教学上成绩突出，1960年，徐德庵被评为重庆市教育先进工作者。但徐德庵并未止步于此，随着教学实践的不断发展，他对自己编写的讲义也进行了反复修改和补充，以增强其实用性。1983年，他所著《古代汉语语法试用教材》就是他集合其以前的语法教材修订而成的。

在教学的同时，徐德庵还对语言学领域的多个方面进行研究，取得了丰硕的成果。新中国成立前，徐德庵的研究重点是音韵学以及方言词汇，并在当时著名的专业杂志《国文月刊》上发表了《方言丛考》《蜀语札记》《“妃呼狶”解》《庄子内篇连语音训》《“庄子”外篇连语音训》《“庄子”杂篇连语音训》等文章，受到了学术界的广泛好评。新中国成立以后，徐德庵为适应教学需要，将研究重点转为古汉语语法，他在这个新的领域里不断探索，成果显著。他的论文《近代汉语中句末语气词“则个”“者”“著”“咱”“罢”“波”》中对“者”“则个”等语气词的创见已成定论。论文《上古汉语中的系词问题》还荣获1984年度四川省哲学社会科学科研成果二等奖。

徐德庵的成就建立在扎实的基本功之上。他的《方言丛考》博集资料，泛采例证，选取川、陕、鲁、冀、鄂、豫、平、津、苏、浙等各地方言词近200个作为例子，以《说文》说解为主，辅以《方言》《尔雅》《释名》《广韵》等近40部古籍的训诂材料，证明现代各地方言词中保存着许多古代词语。[①]仅在研究近代汉语语气词过程中，徐德庵就阅读了250本相关图书和多篇文章，由此可见其勤勉与学术研究的严谨。

徐德庵沉浸文字学数十年，皆因兴趣所在和性格使然。他青年时期就喜欢古文，立志成为一名“为于举世不为之日”的古文家。五四新文化运动席卷全国之时，他对《新青年》等倡导白话文的刊物不以为然，认为白话文“可不学而能”，没有价值。徐德庵对自己个性的评价是“孤独成性”“不好说话，不好见人”，朋友也说他是一个老夫子，寡言少语。1946年，徐德庵到重

① 徐适端. 徐德庵的古汉语研究[J]. 西南师范大学学报(人文社会科学版)，2000(6)：27.

庆北碚相辉学院任教。他课时不多，而学校的自然环境又颇佳，最适宜闭户进修。他在相辉学院任教四年，没请过一次假，也没去过重庆城里一次，有时整个学期也不去仅一江之隔的北碚街一次。除了上课，徐德庵只是闭门在家钻研，极少和同事往来。或许，正是这样的兴趣与性格，使得他成为一个埋头学问的人，能够常年守在案牍边，研究别人看来无比枯燥的内容。功夫不负有心人，徐德庵的学术活动和研究成果受到了语言学界的重视。1981年，他被聘为中国训诂学研究会顾问，并被推选为四川省语言学会理事。

徐德庵教授一生勤勤恳恳，严谨认真，学而不厌，诲人不倦。他当过中学教员、文教干部、大学教授，出其门下之人数不胜数，真可谓桃李满天下。教泽深远，功在后学，徐德庵教授当之无愧。

# 郭豫才:新史学和早期考古学先驱①

何汝泉

郭豫才(1909—1993),男,河南滑县人,我国新史学和早期考古学先驱之一。1934年毕业于河南大学国文系,相继在河南通志馆、河南博物馆等处工作。1946年调任国立女子师范学院史地系教授。1950年起任西南师范学院筹委会秘书长、教务长、历史系主任、教授等职。长期从事中国古代史的教学和研究,主讲先秦史、中国民族史、魏晋南北朝史等。1979年调入河南大学历史系,创立先秦、秦汉史研究室。

郭豫才

## 执教女师院

1938年9月,郭豫才同胡石青等被河南省政府派往重庆,办理河南博物馆珍贵文物的南迁存放工作,11月任务完成。当时,开封已被侵华日军占领,近半河南县城沦陷,郭豫才便留在重庆。1940年,他申请的中英庚子赔款基金董事会资助项目"中国民族史"获得批准,于是专心从事研究工作,撰

① 本文承蒙原西南师范大学历史系副主任、西亚研究所所长杨群章教授精心审阅,他提供了不少关于郭豫才先生的情况、提出了很多中肯的修改意见,笔者皆欣然采纳。杨群章是郭豫才先生的学生,到西南师范大学历史系工作时间与郭先生接手历史系主任同时,而且一直与郭先生保持着密切联系,因此,对郭先生有很深入的了解。他的帮助,无疑大大提高了本文的可信度。

成50余万字的《中国民族史稿》。1945年左右，郭豫才到礼乐馆[①]工作，成为一名编辑，并且开展民俗调查工作，书写了有关北碚民俗的文章，如《北碚转房俗的采访及初步分析》、《北碚的婚俗》和《北碚的壇》等。1946年，郭豫才开始在国立女子师范学院（以下简称“女师院”）史地系任教授。女师院创建于1940年，地址设在四川省江津县白沙镇（今属重庆市江津区）。1946年，女师院迁至重庆九龙坡黄桷坪办学。新中国成立后，与四川省立教育学院（以下简称“川教院”）合并组成西南师范学院（以下简称“西南师院”），校址迁到北碚。

郭豫才之所以到女师院任教，有两方面的原因。一方面，礼乐馆原本是国民政府在重庆为沦陷区来渝文化人设置的栖身之所，抗战胜利，教育部随国民政府还迁南京，礼乐馆或随迁或撤销，前途未卜。当时豫人旅渝领袖胡石青已经去世，像郭豫才先生这样没有背景的人，既无随迁希望，又难以在礼乐馆待下去，只能及早自谋出路。另一方面，当时女师院院长劳君展正在多方入手解决学院“师荒”。据《西南大学史》第一卷第四章第二节中关于重建教师队伍的内容记述，1946年女师院迁校风潮后，大量教师外流而造成“师荒”。新上任的甚有作为的院长劳君展为解学院燃眉之急，设法广招人才。她首先物色到一位教务主任、一位总务主任，作为自己左右助手，然后由此二人推荐一批知名教师，同时，还发动其他教师相互引荐，使教师紧缺的危机渐渐缓解，从而使1946年度新学期得以正式开学行课。[②]正在谋求出路的郭豫才，很可能就是经人引荐而正式步入女师院的。到女师院后，他成为该校后期知名度较高的三十多位教授之一。

郭豫才到女师院是在史地系讲授历史课。据《西南大学史》第一卷第四章第二节附录所载，女师院史地系1946年课程设置中，中国古代史方面，一

① 《郭豫才传略》（载《重庆史学》1994年1-2合期）中称：“1946年在前国立礼乐馆任编审，从事民族（‘俗’之误）研究，同时兼任《民族学研究集刊》编辑。”时间有误，应是1945年或更早。国立礼乐馆1943年成立，地址北碚，属教育部。1946年随教育部迁往南京，1948年撤销。

② 黄蓉生，许增纮．西南大学史．第一卷[M]．重庆：西南师范大学出版社，2016:303.

年级有中国上古史,二年级有秦汉史、魏晋南北朝史(选修)、中国民族史(选修)、中国史前史(选修),三年级有魏晋南北朝史、中国史前史、中国民族史、明清史(选修),四年级有明清史。五年级无历史课。[①]据此可推断,郭先生在女师院史地系所讲授的课程应当是中国上古史(或称先秦史)、魏晋南北朝史、中国民族史。新中国成立后,郭先生在西南师院历史系所讲课程,也主要是先秦史、秦汉史、魏晋南北朝史,其科研选题也聚焦于这些历史时期。

重庆解放后,西南军政委员会派军代表华逸进驻接管女师院。在军代表的主持下,经全院师生员工民主选举,成立了一个协助军事接管委员会,协助军代表工作。为了满足新学期的教学需要,西南军政委员会文教部下达指示,成立临时校务委员会。委员十三人,段喆人为主任委员,谢伯坚(即谢立惠)、王元吉分别为第一、第二副主任委员,1950年3月13日张榜公布。同日,临时校务委员会开始主持全院工作。郭豫才教授本是临时校务委员会委员,在第二次临时校务委员会上,被推选为教务主任。同年3月18日,奉西南军政委员会文教部指示,女师院成立"人民助学金评议委员会",由教务主任郭豫才任主任委员,主持此项工作。[②]由此可以推断,郭豫才先生在重庆解放时的护校、迎接解放军和协助军代表接管诸项工作中,有相当积极的表现。

从女师院临时校务委员会主持全校工作,到西南师范学院筹备委员会成立,有近半年时间。在这期间,郭先生作为教务主任主持学院教务行政工作。《西南大学史》第一卷第五章第一节将临时校务委员会履职所做工作概括为九项,其中教务处主办的就有七项:(1)确定各系科应上课程,安排任课教师,实现3月27日开学,4月3日正式上课的部署;(2)推动各系科成立教学工作检讨会,以推动课程改革和研究改善教学方法;(3)组建人民助学金评议委员会,顺利完成助学金评定任务;(4)领导政治课指导组,加强政治课

① 黄蓉生,许增纮.西南大学史.第一卷[M].重庆:西南师范大学出版社,2016:332.
② 黄蓉生,许增纮.西南大学史.第一卷[M].重庆:西南师范大学出版社,2016:397.

建设，使学生政治课教育取得一定成绩；(5)通过广泛征求意见，拟定《本院暂定考试规约》，改革考试办法，通过学生会组织学生讨论制定《学习规约》和《生活规约》，纠正学生的散漫作风；(6)解决1950级毕业生的教学实习问题，圆满完成新中国成立后第一次教学实习，并完成毕业生考试和毕业分配工作；(7)组织安排招生工作、学期考试和暑期学习。这些都是在郭豫才先生的领导下进行的，他同时也是部分工作的专项负责人。如：担任人民助学金评委员会的主任委员、作为1950级毕业生实习指导委员会的召集人等。①

由此可见，这段时间郭豫才教授在临时校委会的领导下主持女师院教务处，做了许多实实在在的工作，为女师院从旧大学转向新大学作出了贡献。

## 尽心于西南师院的筹建

1950年，西南军政委员会文教部经过调查研究，多方酝酿，并报请教育部同意，决定将四川省立教育学院与国立女子师范学院合并，成立西南师范学院。8月17日，“国立西南师范学院筹备委员会”（以下简称筹委会）成立。筹委会由西南军政委员会文教部高教处长一人、川教院和女师院代表各三人，共七人组成，由川教院代表周西卜任主任委员，郭豫才以女师院教务主任身份作为代表任筹委会委员。筹委会于成立当天召开了第一次会议。8月22日，筹委会在磁器口川教院图书馆内设立筹委会办公处，并于当天下午在此地召开了第二次会议，郭豫才为会议主席。次日启用筹委会印章，开始办公，行使职权。西南师院的筹建工作紧锣密鼓地开展起来。

西南师院筹委会时期，郭豫才教授担任过什么职务呢？现从档案资料和校史上见到的有如下几项。

---

① 黄蓉生，许增纮．西南大学史．第一卷[M]．重庆：西南师范大学出版社，2016：396-400.

(1)筹委会委员、代理教务长。1950年9月27日西南军政委员会文教部通知筹委会:"开学在即,学院领导机构亟待建立,为推进工作计划,暂由本部派郭豫才暂行代教务长事务……"

《西南大学史》第一卷第五章第二节载筹委会组建的全院临时组织系统及具体负责人有"教务长:筹委会郭豫才代理"[①]的记录。

(2)生活辅导委员会委员。《西南大学史》第一卷第五章第二节载筹委会组建的全院临时组织系统及具体负责人有生活辅导委员会委员郭豫才[②]。生活辅导委员会负责管理学生的生活事宜,主任委员是周西卜(兼),副主任委员是蒋程九、李孝传。

(3)《西南师范学院院刊》负责人之一。《西南大学史》第一卷第五章第二节载,1951年春,"周西卜、郭豫才负责的《西南师范学院院刊》也按时出刊"[③]。

(4)西南师院教育研究室筹备主持人。1950年12月18日,西南师院筹备设立教育研究室,郭豫才与李源澄被筹委会推举主持筹备事宜。西南军政委员会文教部1951年1月2日批复同意。

此外未见郭豫才先生有其他任职的资料。从以上四项任职来看,最主要的是筹委会委员、代理教务长。

筹委会的教务处及其教务长,在当时行政体制中处于什么地位呢?据《西南大学史》第一卷第五章第二节载:"西师建校之初,行政管理是三级领导管理体制。在院筹备委员会之下,设教务处、总务处和生活辅导委员会;再下是各系科及相关单位。为明确权限,以利新学院的工作推进,经审慎研究结果并经文教部批准,由筹委会发约函,组建起了全院临时组织系统及其具体负责人。"[④]各单位负责人中,教务长由筹委会郭豫才代理,副教务长由

① 黄蓉生,许增纮.西南大学史(第一卷)[M].重庆:西南师范大学出版社,2016:417.
② 黄蓉生,许增纮.西南大学史(第一卷)[M].重庆:西南师范大学出版社,2016:417.
③ 黄蓉生,许增纮.西南大学史(第一卷)[M].重庆:西南师范大学出版社,2016:423.
④ 黄蓉生,许增纮.西南大学史(第一卷)[M].重庆:西南师范大学出版社,2016:417.

筹委会李源澄代理，生活辅导委员会委员名单中有郭豫才。由此可见，三级领导中：院筹委会是第一级，是全校最高领导机构；教务处是第二级，即中层领导机构，教务长属中层领导干 部；第三级是系科。

1951年5月20日，西南军政委员会文教部鉴于西南师范学院的筹备工作已经就绪，筹委会已完成其历史任务，决定撤销筹委会，正式建立西南师范学院院务委员会。院务委员会由物理学家谢立惠教授任副主任委员，由郭豫才等十二位教授组成委员。同时，任命谢立惠兼任教务长，李源澄、方敬为副教务长。[①]由此可知，郭豫才先生代理教务长之职，至此结束。为什么西南师范学院院务委员会建立时，郭豫才先生只任委员而没有再担任领导职务呢？据刘韵叶《深切缅怀郭豫才师》所说，建校前后的繁忙工作，使郭豫才先生的精力和体力严重透支，损害了身体健康，到1951年5月，学院撤销筹委会正式建立院务委员会时，郭豫才先生因健康原因辞去了教务长之职，只担任院务委员会委员。这应该是确实的。

西南师院筹备委员会执行领导职权虽然只有几个月，但那时正值学校初创，尤其是在当时新旧社会、新旧学院转换的节点上，万事开头难，郭豫才先生代理教务长担负的工作，无疑是十分繁重而艰难的。据时人回忆，郭豫才先生积极工作，努力克服困难，勤勤恳恳，恪尽职守，做了许多实实在在的事情。根据档案资料，郭先生主持的教务行政工作可以梳理如下。

（1）管理学校教务工作。教务处是管理教务的总机构，教务处长是管理教务的总负责人，要领导、协调全校10系1科和政治课教学研究指导组的教学工作，要管理下辖的机构——注册组、出版组和图书馆，还要对附中、附小的教学工作负领导责任。

（2）召开并主持教务会议。教务处管理的事务，凡属重大的部署都要经过教务会议进行研究。教务会议由教务长主持，本处工作人员参加，有时筹委会主任也来参加。教务会议基本每个月举行一次。1950年10月23日召

---

① 黄蓉生，许增纮.西南大学史.第二卷[M].重庆：西南师范大学出版社，2016：5.

开第一次教务会议;第二次教务会议资料缺;1951年1月23日召开第三次教务会议;2月10日召开第四次教务会议;3月3日召开第五次教务会议;3月24日召开第六次教务会议;4月26日召开第七次教务会议;5月召开第八次教务会议。这些会议讨论决定的事项如下:学期开学工作、系科专业课的设置、教学计划和教学大纲的制订及执行、教学方法的改革、教学小组的建立及其集体听课、教材的编写、政治课教学、公共必修课的开设及其学分、体育课教学、教学实习见习及其场所选定、学生成绩计算、学生休学复学的处理、抗美援朝教育、校历拟定、图书馆工作等。

(3)督促并检查系科工作。教务处决定的事项,主要通过系科贯彻实施。第一次教务会议出台了一项重要措施:决定各系科都要成立工作检讨会。此会参加人员包括全系科教员、助教和系科学生会正副主席,必要时各班代表列席。会期每三周一次,必要时可召开临时会议。会议由系科主任担任主席。会议事项包括行政工作和教学工作。规定会议记录、教学计划、教学大纲须送教务处备查。这是当时教务处督促检查系科教学工作的有效办法。

(4)实施课程改革。按照西南军政委员会文教部的指示,为了适应新旧教育变革的需要,教务处着重负责课程改革工作。如:教育系设立教育学、教育心理学、幼稚教育等专业课及其教学小组;中文系的课程取消24门,增设13门。全院各系科总共取消课程56门,增设课程57门。

(5)统筹全院课程。教务处直接把控全院的政治课、公共必修课和选修课。政治课教学和研究由政治课教学研究指导组(主任由吴毓江教授兼任)负责,而公共必修课的教学工作则是在教务处统筹之下进行。当时,全校性公共必修课开教育学、教育心理学和各科教材教法三门。中文和外语课为公共选修课。公共必修、选修课的开班人数、上课学时及学分,都由教务处直接统筹安排。

(6)安排教学见习和教学实习。教学见习和教学实习是师范院校学生必修的重要课程，也是教务处要抓好的一项重要工作。在这期间，教务处安排了各系三年级学生的参观见习和教学实习。

(7)完成体育科的合并。1950年10月30日，由重庆大学和西南师院两校教务长、体育科负责人、体育教员和学生代表参加的扩大会议，最终完成重庆大学体育科与女师院体育专修科合并为西南师院体育科的任务。

(8)组织学生参加抗美援朝。根据教育部加强高等学校抗美援朝时事教育的要求，组织师生学习相关文件，并组织宣传队深入街道农村宣传抗美援朝。在学生中掀起参加志愿军热潮，全校有100多名学生报名，经批准有40多人奔赴朝鲜前线。

上述工作，都是在教务长郭豫才、副教务长李源澄直接领导或参与下进行的。女师院和川教院合并为西南师范学院后，两所学院的教学合并任务能够顺利开展，和作为教务长的郭豫才先生殚精竭虑的工作是分不开的。

## 双肩挑的系主任

郭豫才本来就是史地系教授兼任西南师院筹委会的代理教务长，辞去教务长之后，自然回到了史地系。史地系于1952年10月分为历史和地理两个系，郭先生在历史系从事教学工作。当时，历史系主任是孙培良教授。郭先生属于中国古代及中世纪史教研室，同邓子琴教授(教研室主任)、刘德岑副教授、马益教员、黎军讲师等一起，分段讲授中国古代及中世纪史课程，郭先生主要讲授古代部分，如先秦史、魏晋南北朝史等。

1956年，孙培良辞去系主任职务，郭豫才被任命为历史系主任。同时，继续担任西南师院院务委员会委员和承担中国古代史课程的教学任务，行政教学双肩挑。

从1956年至1974年，郭豫才担任西南师院历史系主任长达十八年，对西南师院历史系的建设和发展作出了重要贡献。尤其是在1956年和1961

年这两个时间节点上,发挥了重要作用。1956年,历史系已发展到“文革”前的最大规模。那时,全系有教师41人,其中教授7人、副教授7人、讲师8人、助教19人,学生433人。办学规模也不断扩大,除四年制本科外,历史系还根据国家的需要举办过两年制专科。1955年招收新生149人,1956年又激增至180人,这是历史系在“文革”前招生的最高纪录。①那时的教学情况全国各地大体相同,均是学习苏联的经验,凡教学思想、教学组织、教学制度以及教学计划、教学大纲、教材、教学方法,大都取法苏联,按苏联相应的教育模式,建立起一整套与旧中国教育不一样的全新教育体系,成绩是巨大的。但是,在几年实践过程中,也逐渐暴露出许多问题,最突出的问题是学生负担过重,独立工作能力差。对此,教育部总结学习苏联的经验教训,提出了有针对性的“全面发展”“因材施教”方针,以纠正学习苏联教育时出现的教条主义和形式主义问题。同时,党中央发出了“向科学进军”的号召。为了响应党的号召,西南师院成立了研究部,要求教师积极开展科学研究。在这种情况下,郭豫才受命担任系主任,很显然,他面临的任务是十分艰巨的。

郭豫才先生上任之后,不负众望,直面形势,采取了一系列措施。他首先抓的就是制订教学计划。根据上级领导的要求,经过“三头会议”②和系务委员会③反复研究,历史系制订了《西南师范学院历史系1956—1957学年工作计划》④。“工作计划”分门别类地详细叙述了全系各种工作的目标、要求和方法。首先提出了该学年的三项主要工作:(1)继续深入进行教学改革,积极开展科学研究工作,以提高教学质量和科学研究水平;(2)继续贯彻“全面发展”的教育方针,尤应注意培养学生独立工作的能力;(3)充分发挥全体教师和职工的积极性和创造性,加强并改进领导。然后分六个部分详细地说明了各项具体工作的要求。

① 黄泽文,黄贤全,苟翠屏.历史文化学院民族学院史[M].重庆:西南师范大学出版社,2016:20.

② “三头会议”指党支部书记、系主任和工会主席定期研究全系工作的会议。

③ 系务委员会由党支书记、系主任、各教研室主任、团总支书记组成。

④ 西南师范学院历史系1956—1957学年工作计划[A].重庆:西南大学档案馆,01-1956-XZ-55.0001.

20世纪60年代初，党中央决定对国民经济进行调整，实行“调整、巩固、充实、提高”的八字方针。学校根据八字方针的精神进行调整，确立教育新秩序，缩小办学规模，实行“四定”（定任务、定编制、定规模、定专业），“一主二从三结合”（以教学为主，以科学研究和生产劳动为辅，教学、科学研究、生产劳动三结合），“四固定”（固定教学计划、固定教材、固定课表、固定教师），保证教师有5/6的时间用于教学。在国民经济调整过程中，1961年9月，《教育部直属高等学校暂行工作条例（草案）》（简称“高教六十条”）正式颁布施行，使高等学校进一步明确了办学方向和具体途径，高校健康发展有了准则，正常教学秩序有了保证。西南师院积极贯彻“高教六十条”，调整教学、生产劳动和假期的时间，进一步确立教学的主导地位，把工作重点转移到教学工作上来，在教学中加强“三基”（基础理论、基础知识和基本技能训练），把狠抓“三基”作为教学工作的重点，加强课堂教学。针对课程门类过多、教材分量过大、学生负担过重的问题，1962—1963年，西南师院贯彻“少而精”原则，以减轻学生负担。1964年，又对提高教学质量进一步提出要求和采取措施。

在贯彻“高教六十条”期间，郭豫才以高度的责任心和极大的热情，认真按照党中央和学校的要求，结合历史系的实际，为清除“教育大革命”带来的消极后果、确立正常的教学秩序、加强“三基”提高教学质量，倾注了满腔心血。

在西南大学档案馆，笔者看到了1961年后，历史系经过反复讨论而重新制订的教学计划，其中，1961年7月印发的《关于西师历史系教学改革方案》[①]和1964年7月的《西南师范学院历史系关于制定教学改革方案的说明》[②]，较全面地反映了当时历史系为消除“教育大革命”的影响所确立的原则及采取的措施。具体内容如下。

① 关于西师历史系教学改革方案[A].重庆：西南大学档案馆，01-1961-XZ-60.0003.

② 西南师范学院历史系关于制定教学改革方案的说明[A].重庆：西南大学档案馆，01-1964-12-75.0002.

第一,根据学校要求调整了教学、生产劳动和科学研究的时间。1961年的教学改革方案中,教学时间占76%,生产劳动时间占18%,科研时间占6%,建立了正常教学秩序。

第二,明确了高等师范院校必须坚持教学为主,面向中学,为基础教育服务,并不断提高教学质量,培养全面发展且具有一定历史研究能力的中学合格师资。

第三,确立以教学为主的原则。要求在教学工作中,必须发挥教师的主导作用,必须贯彻理论联系实际的原则。

第四,加强"三基",既重视对学生基础理论、基本知识的传授,又重视通过生产劳动、教育实习和社会调查,加强对学生基本技能的训练。

第五,课程设置方面,适当减少公共课学时,增加历史专业课学时。在专业课安排上,摈弃了过去简单化的做法,按由古及今的顺序开设古代、近代、现代史课,使教学有序进行。

第六,教材编写方面,各门课都组织教师力量,根据新的大纲编写新教材。在充分调动教师积极性的基础上,采取以有丰富教学经验和学术造诣的教师为主,分工负责的方式,编写了全系主要课程的教材。先是油印,后改铅印,做到课前发到学生手上。有的课还编了参考资料和历史地图。

在狠抓"三基"、加强课堂教学的过程中,历史系还根据专业特点和教学经验,总结出"三熟、三确、三统一,富、透、突、明、五认真"的教学模式。"三熟"是指讲课教师必须熟悉理论(与课程内容相关的马克思主义理论和专业理论),熟悉教材,熟悉学生。"三确"是指教师所讲内容观点正确,材料准确,方法正确。"三统一"指观点与材料统一,理论与实践统一,教与学统一。"富、透、突、明"指讲课内容材料丰富,不是干巴巴的几条筋;讲述方法生动活泼,讲深讲透;不要平铺直叙,要重点突出;要观点鲜明,不含糊其辞。"五认真"是指五个教学环节(备课、讲课、辅导、课堂讨论和考试考查)都要在"认真"二字上下功夫。这成为当时指导历史系教学工作的准则,检查教学质量的依据，对提高教学质量起到了积极的推动作用。

历史系一直有组织师生开展社会历史调查的好传统。郭豫才十分重视并积极支持这项工作。20世纪50年代中期，中国古代史部分师生曾调查合川钓鱼城抗蒙历史遗迹，写成《钓鱼城史实考察》一书。1958—1959年间，部分师生深入天府煤矿、重庆第三钢铁厂、民生造船厂、通用机器厂、重庆电力公司等进行调查，搜集了近200万字的资料，编成上述五个单位的历史初稿，约40万字。从1958年开始，历史系连续多年组织师生前往老革命根据地通江、南江、巴中以及酉阳、秀山、黔江等地进行红军革命历史调查。同时深入茂汶羌族自治县（今茂县）、凉山彝族自治州、甘孜藏族自治州、阿坝藏族自治州（今阿坝藏族羌族自治州）和内蒙古自治区进行民族社会历史考察，搜集到大量的地方历史资料、红军革命历史资料和羌、彝、藏、蒙古民族社会历史资料和许多珍贵的历史文物。在此基础上，历史系成立了地方史教研室和民族史研究组，编写出一大批调查报告，撰写了《重庆工人运动史》等专著及多篇论文，并且开设了四川地方史和中国少数民族史等课程。搜集来的文物，分别建立了革命文物陈列室和中国少数民族文物陈列室，加上原有的历史文物陈列室，为20世纪80年代建立历史博物馆奠定了基础。

郭豫才先生主持历史系工作的前十年，是西南师范学院历史系发展的重要时期，是由初步发展进入全面发展的时期。历史系在20世纪60年代前半期培养的几届学生质量很高，这是在总结学习苏联和“教育大革命”的经验教训的基础上，认真贯彻党中央的正确方针而获得的成绩。郭先生为此作出了重要贡献。

## 赋闲岁月

1966年“文革”开始以后，郭豫才先生的系主任职务并没有被正式撤销，但是他和其他领导一样，没有也不可能履行领导职责。从1966年至1974年，郭豫才先生赋闲在家。

1970年11月,西南师院迁往梁平、忠县。1971年12月,学校建立中共西南师范学院委员会核心小组,基层单位建立党支部。1973年8月,学校迁回北碚原址,随即开始恢复招生。历史系在极其困难的情况下,重新开展教学工作。郭先生以其渊博的学识、丰富的教学经验和多年组织管理教学的经验,在制订教学计划、开展教学工作等诸多方面,积极出谋划策,发挥指导作用。1974年,四川省教育厅委托西南师院历史系编写中学历史教材,编成后请郭先生主持审查。他非常认真地审阅书稿,提出了许多宝贵的意见。他一心以西南师院的发展为重,要求大家把工作负责到底。四川省教育厅在南充召开会议,研讨中学历史教材,学校派郭先生带领几位青年教师前去参加,他在会上代表西南师院发表意见,受到与会代表尊重。

1975年,郭豫才的夫人查出患了食道癌,郭先生的家庭生活陷入极大困境。经人介绍,得知河南林县有专门医治食道癌的研究所。河南是郭豫才先生的故乡,有女儿一家人在,于是在女婿帮助下,郭豫才先生送夫人回河南治病。不幸的是,因治疗无效,郭夫人于1976年去世。当时,西南师院历史系教师杨光彦在河南出差,代表西南师院历史系前去悼念,送了花圈,并安慰郭豫才先生,希望郭豫才先生办完丧事后仍回学校工作。郭夫人去世后,郭豫才先生住在河南郑州女儿家中。郭豫才先生因一个人生活有困难,只能把外孙带在身边照顾自己,希望学校能给其外孙安排一份工作。邓子琴先生把这个愿望反映给相关负责人,不知何故,迟迟没有得到肯定答复。于是,经河南师范大学历史系副教授毛建予(郭先生的同乡,小学同学)帮忙联系,郭豫才先生去了河南师范大学。当时正是大学稀缺高声望、高职称人才的时候,河南师范大学党委再三向郭豫才先生发出邀请。1979年年初,郭豫才先生调入河南师范大学历史系工作。河南师范大学为其外孙安排了工作,并建立起由郭豫才先生主持的先秦秦汉史研究室,招收硕士研究生。郭豫才先生除了担任河南师范大学校学术委员会委员、历史系学术委员会主席，还担任了河南省政协委员、河南省社科联理事、河南省历史学会常务理事，开封市社科联副主席、开封市历史学会理事、中国先秦史学会顾问。1982年，郭豫才先生以82岁高龄加入中国共产党，实现了自己夙愿。1984年，河南师范大学恢复旧名河南大学。

1986年，西南师大历史系副主任杨群章去开封看望老系主任，带去当年同事、学生们的问候。当时郭豫才先生因病住在医院，身体虚弱，但他仍挂念着西南师大历史系。1993年12月底，郭豫才先生病故的噩耗传来，闻者莫不失声哀泣。

郭豫才教授数十年坚守课堂，桃李满天下。他为人宽厚、谦恭友善、平易近人，与同事关系融洽，处世谨慎、低调，不计较名利，生活艰苦朴素，衣食简单，深受学生爱戴，为我们留下了一道闪耀的学人光辉。

# 盛叙功：探索追求　奉献毕生

陶世祥

盛叙功

盛叙功（1902—1990），男，浙江金华人，地理学家。1923年毕业于北京高等师范历史地理部，此后曾在厦门、芜湖、北京等地从事教育工作。1928年至1929年东渡日本留学，回国后先后在暨南大学、广东文理学院等多所高校任教。1950年起任北京师范大学教授，1955年调西南师范学院任教。曾任西南师范大学西亚研究所所长、重庆市第二至六届人民代表，第六至八届政协委员等。著有《农业地理》《西洋地理学史》《中国人生地理》等著作。

盛叙功先生早年追求进步。1919年，17岁的他曾因积极参加五四爱国运动被反动当局监禁。在早期教学活动中，盛叙功先生即开始学习并介绍马克思主义思想，曾翻译了多篇相关论述。抗战时期，在广东文理学院及迁址福建建阳的暨南大学任教期间，盛叙功先生曾利用职务身份，尽自己所能保护进步学生及地下党员。抗战胜利后，盛叙功先生于1947年加入中国民主同盟，参加了中国共产党领导下的上海大教联，加入“反独裁、反内战、反饥饿、反迫害”的斗争。新中国成立后，盛叙功先生积极参加各项社会工作，先后担任民盟北京市支委、重庆市第二到第六届人民代表、第六到第八届政协委员以及全国、四川省及重庆市地理学会理事，全国经济地理教育与科学研究会顾问等职。

1985年，83岁高龄的盛叙功先生实现了自己的夙愿——加入了中国共产党。此时，他虽已年迈体弱，仍然兢兢业业地为祖国的教育事业贡献自己的力量，1987年，盛叙功先生离休以后，还抱病带研究生、整理文稿，并于临终前嘱咐子女将其平生积蓄1万元及全部藏书捐赠给西南师范大学地理系，体现了老一代知识分子的奉献精神与崇高品德。

盛叙功先生是我国著名地理学家，从事地理教育工作六十余年，治学严谨，观点鲜明，循循善诱，平易近人，深受学生欢迎。教学之外，笔耕不辍，一生完成著述逾500万字，早期编、译、著的著作有《农业地理》《交通地理》《世界经济地理》《外国地理新编》《中国人生地理》《高中外国地理》《河川》《人文地理学概论》等十余部，分别由商务印书馆、中华书局及开明书店出版。

盛叙功先生早年即从事辩证唯物主义地理学观点的研究。早在20世纪30年代初执教于暨南大学（上海）期间，当时上海学术界处在新旧思想交锋的复杂环境中，在先进思想的影响下（历史唯物主义观点已在各学科中萌芽生长），他和楚图南、李长傅等几位学者就在上海的《地学季刊》上先后发表介绍带有历史唯物主义、辩证唯物主义观点的文章10多篇，是我国早期介绍新地理学观点的启蒙文章。由盛叙功先生译介的文章有《科学的经济地理学》（刊登于《地学季刊》1932年第1卷第1期，1933年第1卷第2期）、《经济地理学上之经济阶段与经济形态》（刊登于《地学季刊》1935年第2卷第1期）等。此外，他译自威特福格尔《中国之经济与社会》的《中国农地的灌溉问题——气候与土地条件支配下的中国农地灌溉状况》（刊登于《地学季刊》1935年第2卷第2期）和《中国的治水事业与水利工事——中国水利事业之史的考察》（刊登于《地学季刊》1936年第2卷第4期）等，也是根据马克思主义的唯物主义思想论述的。当时虽然外患深重，在社会动荡不安和高压政策之下，盛先生依然站在历史的前沿，通过著书立说，阐发自己对地理学的观点和看法，他那富含哲理和辩证思维的观点对青年学生起到了启发引导作用，同时也促进了我国地理科学的发展。

新中国成立后，他在北京师范大学和西南师范大学从事教学工作近四十年，呕心沥血，著书立说。他曾编有大量讲义，由于各种原因大多未能正式出版。除少数论文及《大百科全书·世界地理》和《世界地名词典》中部分词条已发表之外，尚存有《世界政治地图的演变》、《欧洲历史地理》及《政治地理导论》等百余万字的文稿,已出版的著作为《一定要解放台湾》《新中国的地理》《西洋地理学史》《中东及巴尔干地区》,后两部系逝世后出版。

为总结自己生平的学术观点,他在晚年还写下三篇总结性的论文。一是《试论人文地理学复兴中的几个基本理论问题》,他用马克思主义的观点指出,“人文”属于社会科学,而不是综合科学,经济地理学是人文地理学的核心,应属于人文科学的范畴,而不是边缘科学。[①]二是《泛论区域地理学的复兴与改造》,文中指出,区域地理学应是地理学的导源、核心和基础。并指出,由于二战以来,地理学发展的偏向和区域地理学自身的弱点,使这门学科受到轻视,为了适应“四化”建设需要,应采取措施,使之走上健全发展的道路。[②]同年,盛先生又发表《历史地理学刍议》一文,文中提出,历史地理学是研究各个历史时期、各个社会发展阶段人类在地球上的活动发展变化和地区分布规律和特点的科学。历史地理学研究这种发展变化必须具体落实到一定的地区,并与这一地区的其他条件(包括地理环境或自然条件)相结合,它是地理学的一个部门,而不能把它列为历史学和地理学之间的边缘科学。[③]盛先生对人文地理、区域地理和历史地理三门学科的基本观点和思想,无疑对于这三门学科的进一步发展和深入研究有很大的指导意义。

---

① 盛叙功.试论人文地理学复兴中的几个基本理论问题[J].西南师范学院学报(自然科学版),1983(4):2-11.

② 盛叙功.泛论区域地理学的复兴与改造[J].西南师范学院学报(自然科学版),1984(2):55-64.

③ 盛叙功.历史地理学刍议[J].西南师范学院学报(哲学社会科学版),1984:18-24.

# 曾勉：中国柑橘学的奠基者和躬行者

叶荫民　章瑾

曾勉(1901—1988)，男，浙江瑞安人，园艺教育家，园艺学家，柑橘专家。1925年毕业于东南大学园艺系。1928—1934年留学法国，获博士学位。归国后在多所大学任教，从事柑橘、杨梅、银杏等多种园艺植物的资源调查和分类研究，对柑橘分类提出了独到见解，是我国柑橘学科的奠基人之一。他参与组建了中国农业科学院柑桔研究所，任首任所长。他创建的柑橘原始材料圃，后来发展成为国家果树种质重庆柑橘圃，使中国成为世界保存柑橘种质资源数量最多的国家之一。

曾勉

## 艰辛而坚毅的人生

曾勉，1901年5月23日出生于浙江瑞安飞云江畔一个有近二十户农家的小村庄——下湾村。曾勉兄弟三人，他排行第三。他出生数月后，父亲病逝，家道中落。由于生活艰难，母亲将长兄过继给曾姓世家，他和二哥兄弟二人依靠母亲勤俭持家和亲友接济度日。曾勉自幼遵守家训"克勤克俭，唯耕唯读"，热爱劳动，刻苦读书，成绩优异，深得师长赞赏，同学钦羡。

1925年，曾勉毕业于东南大学(中央大学前身)园艺系，毕业后当了两年中学教师，1927年回母校园艺系任助教。1928年赴法国留学，先后在里昂大学、蒙彼利埃(Montpellier)大学和阿里斯(Alis)农业部农业研究所学习和从事科学研究，获博士学位。1934年回国后，历任中央大学、云南大学、山东大学教授,讲授普通园艺学、苗圃学、果树园艺学、果树分类学、果树生理学、观赏树木学、蔬菜园艺学等课程。他工作认真、踏实,注重理论联系实际,深受师生欢迎。

曾勉37岁时,妻子因病去世,39岁时,恶性疟疾又夺去了他唯一的爱女年幼的生命。噩耗频传,他悲痛至极。那时他已随中央大学内迁重庆,由于战乱,交通不畅,加之教务在身,两次均未能回乡料理丧事。妻子亡故后,亲友、同事劝他另组家庭,但他终生未续弦,将一生精力倾注于教学和科学研究事业上。

曾勉乐于助人,富有正义感。1937年中央大学迁到重庆,有学生出川抗敌,曾勉出席欢送会并讲话鼓励。1948年,一位中央大学进步学生(地下党员)因从事学生运动而被国民党当局拘留,曾勉与另一位教授出面将其保释。他平时生活简朴,乐于助人,其工资收入大部分用于购买图书和报刊资料,碰到有经济困难的学生和职工,他也乐于出钱资助。从法国回国任职中央大学不久,他就鼓励留校任教的几位年轻教师出国留学,并用自己的薪金资助他们。几十年后,这几位已是知名教授的同行对他的关怀仍铭记在心。

1935年至1951年间,曾勉分别创办并主编了《园艺》、《中国园艺专刊》(英文版)和《园艺新报》等期刊,其后又担任《中国果树志》总编辑委员会顾问。1953年(一说1952年)任华东农业科学研究所(后改称中国农业科学院江苏分院)研究员,兼任中国科学院南京中山植物园研究员。1960年起,任中国农业科学院柑桔研究所所长、名誉所长。从20世纪50年代初起,曾勉专心致力于科学研究工作,长期从事中国园艺植物调查整理和分类研究,对柑橘分类的研究造诣尤深,对柑橘分类提出了独到的见解,在发展中国果树生产、建立商品基地、创建全国柑橘科研机构等方面作出了重要贡献,是我国柑橘学科的奠基人之一。

## 深入实际，调查整理中国园艺植物资源

中国植物资源极为丰富，历史上关于植物的著作也多，但大都限于“本草记述”，没有全面系统地加以调查整理。1934年留学归来，曾勉就立即深入农村，调查整理。在当时的条件下，到野外调查采集，面临着重重困难，诸如经费缺乏，交通不便，语言不通，等等。曾勉主要利用寒暑假进行野外调查采集，大部分调查是自己出资。一次，曾勉到合川调查时，途中遇匪，财物被劫一空，连眼镜也被抢去，他无力再进行远途调查，只好在附近农村调查蔬菜资源。有时他到野外采集，来不及赶回场镇投宿，只好借住山寺古刹。一天夜深，曾勉到古庙叩门求宿，僧人误认为是坏人不敢开门，他只好在庙宇屋檐下过夜。曾勉克服重重困难，坚持开展园林资源调查，足迹遍及苏、浙、闽、鲁、甘、滇、粤、桂、川、渝等地，先后调查过柑橘、杨梅、橄榄、猕猴桃、中国樱桃、银杏、梅、榧、苹果、梨、桃、柿、枣、葡萄、枇杷、石榴、黄皮等果树资源。此外，对十字花科蔬菜（白菜、芥菜）以及梅花、黄麻等多种观赏植物、经济作物也进行了调查研究。调查区域之广，涉及种类之多，研究内容之深，在当时可谓首屈一指。曾勉对园林植物资源的调查整理，包括一些地区的资源状况、分类地位及品种类群，为遗传资源的保存和开发利用作出了重要贡献，深受国内外学者的重视。其《福州之黄皮》一文被美国施文格（W.T. Swingle）在其著作《柑橘及其近缘属植物》中引用。

曾勉在野外调查、采集时，还注意到优变单株的选择。1936年他发表的《福建漳州之柚》记载了在坪山柚中发现的无核坪山柚，并将其命名为“华秀柚”，以表达对中国最早用现代植物分类方法调查广州柑橘资源的岭南大学教授郭华秀的敬意。1954年，曾勉领导了太湖洞庭山果树调查，并在1960年出版了《太湖洞庭山的果树》一书，全面介绍了太湖洞庭山果树资源，对太湖地区果树的生产发展起到了重要的促进作用，也为编写地方果树志提供了有价值的范本。

## 重视生产实践，关心生产发展

曾勉非常强调生产实际，主要体现在重视群众经验的总结和关心解决生产关键技术问题上。曾勉经常深入田间地头、农舍，与老农促膝长谈，注意总结收集农家经验。他在1951年创办的《园艺新报》上，连续撰写、发表《农家经验集刊》，广为宣传、推广农家经验，取得了良好效果。在南京、山东执教时，他经常深入农村，了解生产中存在的问题，作为开题研究的依据，同时指导农民解决生产上的难题。调查江苏泰兴银杏生产情况时，他发现银杏授粉不良，影响产量，便提出合理配置雄株以提高产量的办法，受到当地群众的欢迎。他还经常到郊区果园指导农民修剪果树。曾勉有一个习惯，就是乐于住在试验地和果园旁，不论是在南京东南大学校园，还是在法国留学，不论是在重庆中央大学，还是在峨眉山创办果树苗圃，他都亲近自然，躬行实践。

20世纪50年代中期，他到广东潮汕地区调查柑橘栽培情况，发现黄龙病对柑橘生产危害严重。当时人们对该病病原的认识还不一致，他在调查后就所见所闻，十分认真地向农业部提出书面报告，认为黄龙病是一种病毒病，并提出防治建议。

1958年，农业部组织由曾勉任团长的多学科专家考察团，调查黄河故道自然环境、现有果树的生产情况等。考察后，农业部在徐州召开河南、安徽、山东和江苏四省农业厅厅长会议，听取考察团的汇报。专家们经过讨论后认为，在黄河故道地区发展果树栽培是可行的，从而制订了黄河故道地区发展果树栽培的总体规划，并向国务院提交报告。经过多年的建设和综合治理，黄河故道面貌焕然一新，昔日的沙荒变成了大片果园，到1981年，黄河故道果树面积已达20万公顷，年产量45万吨，成为中国北方重要的水果产区。

曾勉根据多年调查研究认为，豫、徽、鲁、苏四省黄河故道可发展为商业果品基地，长江中上游则可发展为柑橘商品基地。长江中上游从四川宜宾到湖北宜昌，曾勉称之为长江“两宜线”，认为是理想的柑橘商品基地之一。这个地区的特点是：冬季很少出现零度以下低温，气温都在柑橘生产安全的“三五”线（即年平均气温在15℃以上，1－2月平均气温在5℃以上，极端低温不低于-5℃）内，不受台风的影响；基本上无柑橘检疫性病害（柑橘黄龙病和溃疡病）的危害；长江“一江春水向东流”，便于柑橘灌溉和运输；柠檬、柚、甜橙、柑、橘、金柑等都能很好地生长。曾勉积极向农业部领导及地方农业部门表达他的看法，并最终得到了有关部门的支持。20世纪80年代，农业部果树专家顾问组、中国园艺学会多次到长江“两宜线”考察。2003年，《全国优势农产品区域布局规划（2003—2007年）》开始实施，该规划涉及11种农产品，柑橘即是其中之一。至2010年，长江“两宜线”的宜昌温州蜜柑，兴山伏令夏橙，奉节脐橙，宜宾、江津锦橙等柑橘生产基地已经具有相当规模。曾勉数十年前的预见变成了现实。

## 整理研究中国柑橘古文献

中国柑橘栽培历史悠久，在长期的柑橘生产发展过程中积累了丰富的文献资料。曾勉非常重视对这些文献的收集、研究和分析。1958年，叶静渊主编的《中国农学遗产选集·甲类第十四种·柑橘》就是在曾勉的指导下完成的。该书是当时中国最全面、最系统的古代柑橘文献汇编，被柑橘学者广为引用。古代文献中列举的柑橘种类、品种，同名异物、同物异名现象极为普遍，曾勉认为引用和研究古代文献，首先要做“正名”工作，“名正才能言顺”。

自古以来，枳都是一种重要的药材，又称“枳壳”或“枳实”，但历代文献的记载不太一致。《周礼》中记载“橘逾淮而北而为枳”，说明枳是一种耐寒的橘类。《图经本草》等记载：“枳实生河内川泽，枳壳生商州川谷。”枳实与枳壳好像是两种植物或一种植物的不同地理生态型。但是《本草衍义》又说：“枳实、枳壳，一物也。”曾勉根据张存惠所刻的《重修政和经史证类备用本草》中所附两幅图证明：汝州枳壳为三小叶组成的复叶，果面多毛，是现在我们所指的枳（*Poncirus trifoliata*）无疑；而成州枳实叶片为单生，应是柑橘属中的某一个种的植物，或是香橙（*Citrus junos*），或是香圆（*Citrus wilsonii*），具体的种类有待进一步研究明确。同时曾勉认为，我们现在把*Poncirus*中文名定为枳属是恰当的，本属为单一种称“枳”，而李时珍在《本草纲目》中称“枸橘”，可作为本种的别名。广东“化州橘红”是著名的药材，名曰“橘红”，常常被误认为是红橘之类制成，但究竟是何种柑橘，向来不明确。清人王端履在其1846年刻印的《重论文斋笔录》中曾提出疑问：“明明柚也，而混呼之曰橘，且饰其皮曰红。何也？”但是古代称“柚”多数情况指的是香橙（*Citrus junos*）。为弄清“化州橘红”真正的植物学地位，1955年，曾勉特往广东化州调查，终于弄清楚：化州橘红既不是橘，也不是香橙，而是柚（*Citrus grandis*）制成的。从这里可以看出曾勉治学态度的严谨与认真。

曾勉认为，自古以来，“柑橘”两字分别使用则指的是“柑”和“橘”两种植物，而联合使用则是指凡结“柑果”（Hesperidium）的各属植物，即“柑橘”一词是结“柑果”一类植物的总称。在现代植物分类的概念中，*Citrus*（柑橘），既指柑橘属植物，也是结柑果植物的总称，可见我国古人用词的科学性。当然，其间用词也有些变化，最初用“橘柚”，《尚书·禹贡》中记载，“厥包橘柚锡贡”。西晋张华《博物志》中记载，“橘柚类甚多，甘、橙、枳皆是”。其后出现“柑橘”一词，如，北宋庞元英《文昌杂录》中记载“南方柑橘虽多，然亦畏霜”。南宋韩彦直《橘录》干脆用“橘”统称柑橘类植物（该书所列的柑橘类果树包括现代的三属柑橘植物）。曾勉指出，我国古代对“柑果”的形态描述也很科学，明朝卢之颐《本草乘雅半偈》中记载，“先人云，橘柚通呼……类有橙、柑、圞、枳之异……实有圆扁、长锐、大小、光累之殊。大都色象深绿，凌冬不凋则一也。实皮布窍，色深于皮，皮里有膜，囊上有脉，囊中裹瓤，瓤内裹汁，以养核也”，可见其言简意赅。

曾勉对中国古籍中关于柑橘分类、栽培风土、田间管理、果品贮藏加工等都有深刻的研究和分析，其见解散见于他的著述，如《中国果树栽培学》《柑橘属分类概况》《种柑橘法》等及其有关柑橘专题研究的论述中。

## 研究柑橘分类

由于柑橘属植物原始野生类型多已泯灭，许多物种多为窄布种，在原产地以外的其他地区很难发现，且容易杂交或芽条变异产生新类型，因此，给柑橘分类研究带来很大的困难。在林奈《植物种志》问世（1753）以后的两百多年间，关于柑橘的分类问题，争论很多，分歧很大。柑橘为芸香科柑橘亚科中果实为“柑果”的一组植物，这组植物共6属，称真正柑橘组。曾勉把这6属植物分为两大系统：一是澳大利亚系统，共3属，无经济价值，不作果树栽培；一是中国系统，供果树栽培或砧木利用，共3属，即枳属、金柑属和柑橘属。学术上争论最多、分歧最大的是柑橘属植物的分类。20世纪40年代至50年代，形成了两大分类学派：一是美国施温格尔（W. T. Swingle，旧译“施文格”）的大种学派，认为柑橘属共16种；一是日本田中长三郎的小种学派，认为柑橘属有162种。两种学派承认的种数差异有10倍之多。

曾勉根据长期对芸香科植物的研究，特别是对中国柑橘资源的调查和整理，于1960年在《中国果树》第2期上发表了《对柑桔分类的认识体会和整理的意见》。曾勉认为，属的分类应该正确反映客观事物存在和发展的现象，把有亲缘关系的各个种结合起来，明显地表现出一个自然群，同一属的植物除了形态结构上有若干共同点外，对其外界环境条件的要求也有一定的共同性。据此，他建议将旧柑橘属分为5个属：大翼橙属、枸橼属、柚属、橙属和柑橘属。[①]其中，柑橘属又分为4个亚属，即香橙亚属、柑亚属、橘亚属和金橘亚属。柑亚属包括5个种，即黄柑、瓯柑、温州蜜柑、广西沙柑和蕉

① 曾勉．对柑桔分类的认识体会和整理的意见［J］．中国果树，1960（2）：32．

柑。橘亚属,主要根据果实形态及地理分布分为9个种,即土橘、黄橘、乳橘、汕头蜜橘、四会橘、茶枝橘(柑)、红橘、朱橘和丹橘。

曾勉关于柑橘分类的意见发表后,引起同行专家的重视。植物分类学家俞德浚在其《中国果树分类学》一书中加以详细介绍,其他同行专家在有关专著中也有介绍和引用。

为进一步科学地整理柑橘分类系统,曾勉提出以野生种为依据,研究柑橘的地理分布特点和形态演化规律。20世纪60年代以来,各地普遍加强了野生柑橘资源调查。1961年至1965年,在他的领导下,一组科技人员深入川、鄂、桂、粤等地山区,开展野外调查和采集,首次发掘、整理了一批宽皮柑橘和檬的野生类型,为进一步研究柑橘分类奠定了基础。

## 创建中国农业科学院柑桔研究所

早在20世纪30年代,曾勉就极力提倡设立专门学科深入研究柑橘。他将《园艺》1936年第3期辟为柑橘专号,在《本专号之旨趣》中他写道:“柑橘,春开白华,秋结朱实,富营养而耐贮藏,色香风味,无一不美,众果匿迹,灿然独存;且栽培之早,分布之广,种类之繁,价值之高,在吾国果品中,恐无出其右者。”并谈道:“柑橘原为果树之一,只以挽(晚)近学者,对于本类之研究,极其踊跃,已另辟一专门学问,而名之曰柑橘学……分门专攻,蔚然称盛。”[①]曾勉一直认为,柑橘是世界重要的果树之一,欧美日都设有专门的机构深入研究,故其柑橘业发展迅速。而中国是柑橘的重要原产中心,更应加倍重视,迎头赶上。为此,曾勉在《本专号之旨趣》中直抒胸臆:“中国人须研究中国之产物,庶不失吾民族之地位,斯语也,余常以自勉,亦常以勉人,专号目的,亦即在此,愿吾园艺同志,其共勉之!”[②]拳拳爱国之心,殷殷报国之志,跃

① 曾勉.本专号之旨趣[J].园艺,1936(3):369.

② 曾勉.本专号之旨趣[J].园艺,1936(3):369.

然纸上。但是，新中国成立前，这种美好的愿望很难实现，柑橘研究只能靠个别学者分散进行。

1957年3月，中国农业科学院成立。次年3月，中国农业科学院果树研究所在辽宁兴城成立，随即酝酿建立柑橘研究所，并初步确定建在四川省。曾勉奉命到四川考察确定具体地址。经过在成都、龙泉山、江津、巴县等地调查，曾勉建议在重庆市寻求合适地点建所。1960年10月，中国农业科学院柑桔研究所（以下简称“柑桔研究所”）在重庆北碚成立。曾勉奉令从南京中国农业科学院江苏分院赶赴重庆，担起重任，任柑桔研究所首任所长。

柑桔研究所成立时，适逢国家经济困难时期，工作和生活条件极为艰苦，曾勉深感责任重大，边建所边开展研究。他给家人的信中说，“期以五年，当成为国内很好的柑桔研究中心”，“每夜工作到两三点才就寝……能给党和人民做点工作，是我最大的荣耀”。

曾勉极为重视研究队伍的建设，除从有关科研单位调进研究人员外，还在新毕业的学生中选拔农科学生，同时注意调进综合性大学的理科学生，以加强柑橘“三生”（生物学、生态学和生理学）研究。为使理科学生更快了解柑橘的特点，曾勉便安排他们到毗邻的西南农学院旁听果树栽培学课程。曾勉还组织科研人员到农村去了解实际生产情况，总结农民生产经验。建所初期，所内试验基地尚未建设起来，曾勉便组织他们到国营农场和人民公社长期驻点，开展试验研究。

新调来研究所的人员，他都一一面谈，注意了解每个研究人员的兴趣爱好和特长，重视他们的业务能力和工作态度。研究人员提出的问题，曾勉总是耐心听取，详为解答，或帮助查阅参考文献，使年轻科技人员很快成长，从而培养了一支较好的科研队伍。

柑桔研究所从1960年在重庆北碚缙云山挂牌成立之后，具体的所址尚未确定。1960年至1963年间一直在不断寻找所址，其间经过三次搬迁，曾勉都亲赴现场考察，最后确定在重庆北碚歇马场——原西南农业科学研究所旧址。随后他即着手做好试验农场的规划,设置育苗基地、原始材料圃、主要柑橘种类的栽培试验区和丰产示范区。柑橘原始材料圃后来发展成为“国家果树种质重庆柑橘圃”,保存芸香科、柑橘亚科植物种质1000余份,使中国成为世界保存柑橘种质资源数量最多的国家之一。同时,他指导科技人员开展柑橘杂交育种和人工诱变育种,育成了一批优良的柑橘品种。目前,研究所在科技力量、试验手段、基础设施等方面已具有较大规模,所取得的这些成绩凝聚了他很多的心血。

建所工作告一段落后,曾勉到华南考察,谋求在红壤丘陵地区建立试验站,以便开展多方面的柑橘科学研究工作。1962年至1963年,他在广西调研考察,认为桂北一带红壤缓坡发展柑橘生产有潜力,特别是桂林以北地区当时未受黄龙病危害,发展前景可观,他即向广西壮族自治区领导提出加强桂北柑橘生产发展和建立柑橘试验站的建议,得到中国农业科学院和广西壮族自治区领导的支持。1965年,广西柑桔研究所在桂林成立。曾勉提出中国农业科学院柑桔研究所拟建的试验站设在广西柑桔研究所,统一领导、统一计划开展工作的意见,得到广西有关部门和中国农业科学院领导的支持,广西方面还拟请曾勉兼任广西柑桔研究所所长。

1965年4月,为了继续调查广西野生柑橘资源和协助广西柑桔研究所建所工作,曾勉前往广西。当时交通不便,要从重庆乘船到武汉,再由武汉乘火车南下。曾勉乘船到宜昌时,提出先到宜昌调查宜昌橙等野生资源,不料在宜昌跌伤了脚住院,院方劝其返渝治病休养,他却坚持前往广西。在宜昌住院一个月,尚未痊愈,他便拄着拐杖到广西去,继续开展野外调查和协助广西建所工作。令人遗憾的是,受“文化大革命”的冲击,中国农业科学院柑桔研究所在广西建立试验站一事被迫中止。

# 霍锟镛：川东师范走出的中共六大代表

郑劲松

霍锟镛(1904—1931)，男，重庆綦江人。1921年考入川东师范学校，1925年加入中国共产党，并与哥哥霍步青(烈士)、堂叔霍栗如(烈士)一道考入黄埔军校，因表现突出，被周恩来赞为“霍氏三杰”。北伐时期，到国民革命军第四军担任政治宣传工作，后留在武汉总工会，在刘少奇同志领导下主持“二七”工人学校教务，后任中国共产党湖北省委书记、安徽省委组织部部长兼工运委员会书记。1928年春当选为中共六大代表。1931年5月1日在安庆牺牲。

霍锟镛

“砍头不要紧，只要主义真。杀了夏明翰，还有后来人。”这首广为流传的《就义诗》，很多人都耳熟能详，诗的作者、革命烈士夏明翰的名字就在诗中。鲜为人知的是，有一位西南大学办学源头的川东师范学校校友，就曾和夏明翰共事，夏明翰牺牲后，由他“顶上”，他还作为正式代表远赴莫斯科参加了中共六大，几年后，他也为革命献出了年轻的生命。

他是谁呢？有必要先说说写下这首《就义诗》的夏明翰烈士。

夏明翰，1900年出生于湖北秭归，1921年加入中国共产党，1925年起担任中共湖南省委组织部部长、农民部部长，1927年领导发动平江、浏阳农民暴动，有力配合了井冈山革命根据地的创建。1928年3月18日因叛徒出卖在武汉被捕，3月20日清晨被反动派杀害，就义前写下这首正气凛然的《就义诗》。诗中的“后来人”当然是泛指，表达革命者对未来的信念，如果可以确指,其中一个就应当是曾和夏明翰在中共湖北省委共事而后也成为烈士的霍锟镛。

霍锟镛是四川綦江(今重庆綦江)人,毕业于川东师范学校,后来他和哥哥、叔叔三人考入黄埔军校,另一个小弟也加入了中国共产党,他们全都在20世纪30年代牺牲。一门四烈士,三位黄埔生,这样的英烈之家,不应该被遗忘。

## 在川东师范学校接受革命启蒙

霍锟镛接受革命启蒙始于川东师范学校。

川东师范学校初名为官立川东师范学堂,创办于1906年,是重庆首开新学的学校。荣昌籍党史专家、从该校走向延安、曾任中共中央文献研究室副主任的李新教授曾撰文称,川东师范学校是重庆新文化运动的重要阵地。20世纪20年代,早期的共产党人恽代英、萧楚女、杨闇公、张闻天都曾在这里做过短期教员或进行演讲,传播马克思主义,播下了革命火种。

霍锟镛,原名霍人幹,曾化名霍述文,1904年7月11日出生于四川省綦江县蒲河乡(今重庆市綦江区永城镇)一个农民家庭,其父霍学熙、母陈氏,终身以农为业。霍锟镛共有兄弟五人,大哥出生不久就夭亡了,二哥霍人桂小时因害病而眼盲,三哥霍步青系中共党员、革命烈士,霍锟镛居四,小弟霍人芬也是中共党员、革命烈士。

霍锟镛幼年在蒲河乡读私塾,继而入读蒲河小学,毕业后考入綦江青年学校高级班读书,在三哥霍步青影响下,从小勤奋好学,成绩优良,深得老师和同学们喜爱。

1920年2月,在五四运动革命思潮影响下,在成渝两地读书的部分綦江籍青年学生相约返回綦江,以“团结青年,增进友谊,砥砺学行,以促进地方文化教育,改革社会”为宗旨,发起组织綦江青年砥砺会。霍步青、霍锟镛两兄弟带头报名参加。

1921年秋，霍锟镛考入川东师范学校，直到1925年毕业。正是这一时期，萧楚女、恽代英、杨闇公及张闻天先后到川东师范学校任教或讲学。萧楚女利用担任《新蜀报》主笔之便，在重庆联合中学（简称“重庆联中”）、川东师范学校、四川省立第二女子师范学校（简称“二女师”，校址在今重庆第二十九中学内）等校组织读书会，指导青年阅读《新青年》等革命书刊，讲解马克思主义理论，对霍锟镛产生了较大影响。

霍锟镛还受到恽代英的较大影响。《恽代英年谱》记载，1921年10月23日至10月25日，恽代英应邀来渝，分别在重庆联中及川东师范学校做了题为《青年应该怎样做》的演讲。①恽代英在演讲中猛烈抨击黑暗的社会制度，指出国家和社会的希望在青年，要靠青年争取未来，受到学生们的热烈欢迎。1923年1月，恽代英又到重庆住了一个多月，在这期间，他再次到川东师范等校宣传革命思想。郭沫若曾在回忆文章中这样评价：“在大革命前后的青年学生们，凡是稍微有些进步思想的，不知道恽代英，没有受过他的影响的人，可以说没有。”②“代英在四川泸县做过师范教育工作，四川的青年受他的影响的，因此也特别多。”③

另一位对霍家兄弟产生重要影响的人是张闻天。1924年10月，张闻天从上海来到重庆，先在二女师做英文教员，1925年3月，应聘到川东师范学校担任国文教员。此时的张闻天虽然还不是共产党员，但完全以新文化运动战士的姿态现身重庆，利用学校讲坛和《新蜀报》阵地，弘扬五四精神，宣传新文化、新思想，反对旧道德、旧制度，推动了重庆的思想启蒙运动。曾在川东师范学校读书的曹仲英老人回忆，张闻天讲的是“新社会观”“共产主义ABC”等课程，使学生受到马克思主义启蒙教育。其间，张闻天还与学生一起创办《南鸿》周刊，他亲任主编，并在《发刊辞》中旗帜鲜明地指出，“我们反抗一切压抑青年清新的思想与活跃的行动的旧道德，旧思想与旧制度。我

① 李良明，钟德涛．恽代英年谱［M］．武汉：华中师范大学出版社，2006：196.
② 郭沫若．纪念人民英雄恽代英［M］//回忆恽代英．北京：人民出版社，1982：199.
③ 郭沫若．纪念人民英雄恽代英［M］//回忆恽代英．北京：人民出版社，1982：200.

们提倡自由思想，自由批判与活泼泼的新文艺与新生活”[①]，在广大青年中引起了强烈的反响。

在这些良师的影响下，霍锟镛进步很快，他刻苦学习，课余积极参加社会活动，在校期间先后加入平民教育社、马克思主义研究会，1925年加入中国社会主义青年团（后更名为中国共产主义青年团——本文作者注），同年转为中国共产党党员。据川东师范学校的老校友回忆，读书期间，霍锟镛善交朋友，乐于助人，为了让班上一些成绩较差的同学能跟上学习进度，他常利用晚上和周末给他们补课。其他学校的学生有事相求，他也从不推辞，尽力帮助解决。綦江一些贫苦学生投考川东师范学校，他甚至主动给他们提供食宿条件，以减轻他们的经济负担。

1924年，綦江发生特大旱灾，粮食产量剧减，哀鸿遍野，饿殍载道。邹进贤、霍步青等人发起募捐赈灾活动。在渝读书的霍锟镛和堂叔霍栗如等人积极响应，发动在渝学生停课游行，沿街劝募，连续数月，募得大笔捐款，几次从江津购粮回綦江向灾民发放。1925年春，他们又购回一批种子免费向灾区人民发放。

## 黄埔军校的“霍氏三杰”与一门四烈士

1924年5月，黄埔军校在广州黄埔区长洲岛成立，6月16日，正式举行开学典礼。2024年6月16日，习近平总书记在给黄埔军校建校100周年暨黄埔军校同学会成立40周年的贺信中指出，“黄埔军校是第一次国共合作的产物，是我国第一所培养革命军队干部的学校”。1925年初秋，社会主义青年团綦江特支按照上级指示，选派一批团员和进步青年报考黄埔军校。这年9月，霍步青与霍栗如从綦江出发，到了重庆约上还在川东师范学校读书的弟弟霍锟镛一同前往广东报考。霍步青和霍锟镛考入黄埔军校第四期

---

① 张闻天.发刊辞[J].南鸿，1925(1)：1.

政治科大队第一队，霍栗如编在第二队。三人刻苦钻研军事技术，成绩优异，思想进步，工作主动，被时任黄埔军校政治部主任的周恩来称赞为“霍氏三杰”。

先简要说说霍锟镛的堂叔、哥哥、弟弟三位烈士的故事。

霍栗如，又名霍恂，虽是堂叔，却比霍家兄弟都小，1906年出生于綦江县蒲河乡，先后就读于重庆私立治平中学、重庆联合中学。1923年加入进步组织“学生励进会”，同年加入中国社会主义青年团。1925年秋，在黄埔军校由社会主义青年团团员转为中国共产党党员。1926年7月，随国民革命军北伐，在郭沫若领导的国民革命军总政治部机关工作。1927年秋，受中共四川临时省委派遣，到彭水开展工作，历任中共彭水特别支部委员会书记、县军委书记等职。1928年冬，霍栗如组织团练武装力量，消灭了黔军驻彭残部并攻占县城。两天后，反动派武装反扑，霍栗如转移到涪陵隐蔽。1929年夏，党组织又让他回到彭水工作，准备再次武装起义。1930年3月31日上午，由于参加起义的王卓之叛变，霍栗如等人被敌人包围，在战斗中牺牲，时年24岁。

“苏区干部好作风，自带干粮去办公。日穿草鞋干革命，夜打灯笼访贫农。”有回忆录称，瑞金等革命老区传唱的这首歌谣，赞扬的就是以霍锟镛的三哥霍步青为代表的苏区干部。他曾在上海担任中共中央的“总交通”，受到周恩来同志高度赞赏。

霍步青原名霍仁云，化名何步青。“霍氏三杰”中，他年龄最大，生于1902年。1921年秋考入重庆联中，同样深受萧楚女等共产党人影响，追求进步，被选为綦江旅渝学生会会长和綦江旅渝同乡会干事。1926年夏，霍步青从黄埔军校毕业后到国民革命军二十六军政治部担任宣传科科长，1927年4月转移到上海，化名何步青，在周恩来的直接领导下工作，担任中共中央组织部接待处主任直到1930年。其间，霍步青沉着、机智，一次次完成秘密联络和接待任务,包括紧急转移因顾顺章突然叛变而可能暴露的交通联络点,被誉为党中央的“总交通”。

1931年秋,霍步青转移到中央苏区,任中共中央江西分局巡视员,不久调任红军学校政治宣传部部长,和邓小平同志并肩战斗。1932年春,霍步青调任宁(化)清(流)归(化)特委(中心县委)书记,兼任宁化县委书记和红军福建省军区第三军分区政委。1933年初,由于王明“左”倾路线的影响,霍步青成了被斗争的对象,但他仍坚持以毛泽东同志为代表的正确路线,同王明错误路线做不懈斗争。这年9月13日,霍步青在病中被一反动中医下毒而牺牲,年仅31岁。

除“霍氏三杰”外,霍家的第四位烈士,同样值得铭记。

霍人芬,又名霍彤光,霍锟镛的五弟,生于1912年。1921年,年仅9岁的霍人芬便跟随三哥霍步青到联中学生会创办的贫民小学学习,1924年进入綦江青年学校读书,1926年考入重庆中山中学读书。受两个哥哥影响,14岁的少年霍人芬就经常带头开展反帝反封建宣传。1927年3月31日,霍人芬参加了重庆的反对英美军舰炮轰南京暴行市民大会。他小小年纪就敢赤手空拳与军警搏斗,因身负重伤,被迫返回綦江。1929年,经霍步青安排进入上海劳动大学学习并加入中国共产党。1931年,霍人芬奉命调到地下印刷厂工作。1933年,经党组织派遣到江西,在中共江西省委保安科工作。1933年底,在会昌县执行任务时遭到敌人袭击而牺牲,年仅21岁。

## 夏明翰的“后来人”,重庆唯一的中共六大正式代表

现在来说说那位夏明翰烈士的“后来人”、川东师范学校走出的中共六大代表霍锟镛。

与哥哥和堂叔一样,自黄埔军校毕业后,霍锟镛就参加了北伐,分到国民革命军第四军做政治宣传工作。1926年8月,霍锟镛参加了著名的汀泗

桥战斗。北伐军占领武汉后，霍锟镛遵照中共中央的指示，留在武汉总工会，在刘少奇领导下从事工人运动，并主持江湾“二七”工人学校的教务工作。1927年4月12日、7月15日，蒋介石、汪精卫相继背叛革命，向共产党人和革命群众举起屠刀。形势剧变，刘少奇离开武汉，霍锟镛也从武汉总工会调到中共湖北省委，和夏明翰一起工作。

1928年3月，共青团湖北省委组织遭到破坏，牵连到党的组织，从省委、武汉市各区委直到支部，都受到了严重破坏。3月18日，中共湖北省委常委夏明翰被捕，3月20日即被杀害。时任中共湖北省委书记的刘伯庄畏怯，将书记职务交给霍锟镛后，自己仓皇逃到上海，鉴于他的脱职行为，中共中央决定取消其候补中央委员资格。

1928年3月20日，中央政治局常委罗亦农到湖北巡视工作，决定成立中共湖北省委临时委员会。4月，省临委正式成立，霍锟镛为临委委员。不久，湖北省委转信人张玉衍、内部交通梁赤威叛变，湖北省委又遭到第二次大破坏。[①]霍锟镛临危不乱，沉着冷静地应对复杂局面，采取紧急措施，使省委和各级党组织免遭更大损失。鉴于武汉白色恐怖严重，霍锟镛被迫离开。

此时的中国，轰轰烈烈的大革命失败，国民党反动派大规模地屠杀共产党人和革命群众，全国各地笼罩在“白色恐怖”之中。中国共产党急需召开一次全国代表大会，回答和解决中国革命的一系列复杂问题。鉴于国内已无安全的开会地点，加上1928年春夏原本就将相继在莫斯科召开赤色职工第四次大会、共产国际第六次大会和少共国际第五次大会，考虑到届时中国共产党要派代表出席这几个大会，加上此时迫切希望能够得到共产国际的及时指导，中共中央决定党的六大在莫斯科召开。这是我党唯一一次在国外召开的全国代表大会。

1928年春，霍锟镛当选为中共六大代表，他克服艰难险阻抵达莫斯科，参加了6月18日至7月11日召开的中国共产党第六次全国代表大会。党史

① 中国革命博物馆党史研究室.党史研究资料.第4集[M].成都：四川人民出版社，1983：250.

资料记载,在党的第六次全国代表大会上,"霍锟镛(湖北),2次发言;6月27日讨论政治报告会议上发言;7月11日在六大闭幕会上讲话"[①]。

1929年,霍锟镛到上海,再次在刘少奇身边从事工运工作。同年冬,霍奉命调到河南省委,仍负责工会工作。1930年,霍锟镛化名霍述文,调任中共安徽省委员会常务委员、组织部代理部长、职工部部长、职工运动委员会书记。[②]1931年4月6日,安徽省委秘书长何冰心被捕叛变,供出共产党员40多人,4月27日,霍锟镛和中共安徽省委代理书记王步文等人在安庆市同时被捕,4天后被杀害,年仅27岁。

① 李蓉.中共六大轶事[M].北京:人民出版社,2010:263.

② 中共中央党史研究室第一研究部.中国共产党第一至第六次全国代表大会代表名录:增订本[M].北京:中共党史出版社,2014:90-91.